INTIMIDADES

INTIMIDADES
PARA QUE ESTÉS BIEN DESDE ADENTRO

DR. EDWIN LEMUEL ORTIZ

GRUPO NELSON
Una división de Thomas Nelson Publishers
Desde 1798

NASHVILLE   DALLAS   MÉXICO DF.   RÍO DE JANEIRO

Este libro forma parte de la investigación del autor conducente a un grado Doctoral,
Ph.D (c) en Artes en Coaching de la Florida Christian University.

Editora General: *Graciela Lelli*
Diseño: *www.blomerus.org*

ISBN: 978-1-60255-703-1

Impreso en Estados Unidos de América

12 13 14 15 16 QG 9 8 7 6 5 4 3 2 1

DEDICATORIA

A mi esposa, María del Carmen. ¡Sin ti no estaría escribiendo los mejores capítulos de mi propia vida!

A mis hijos Lemuel y Gamaliel. Gracias por soportar a un padre novato, demasiado inmaduro e incompleto para aquellos años cuando los invité a la vida.

A mi querida madre Alicia, porque jamás se rindió conmigo, a pesar de mí mismo.

A mi amado padre, que aunque se fue «a casa» antes de publicar este libro, escribió en mí muchísimo más de lo que aquí le cuento al mundo.

A la Fuente de todo mi ser —mi Dios—, que es el único que me hace estar bien desde adentro.

¡MIL GRACIAS!

Esta es la parte que se me hace más difícil escribir y no porque no sea agradecido. Es precisamente lo contrario. Hay muchísima gente que ha sido esencial para que estas páginas estén hoy en tus manos. Me siento extremadamente bendecido y agradecido por la calidad de gente que me ha apoyado en este trabajo. No me perdonaría que, al tratar de nombrarlos, se me quedara alguno sin referir. Por lo tanto, prefiero darle gracias a Dios por la gente tan especial que me rodea y que trabaja hombro a hombro conmigo por el bien de los demás. Cada uno de ustedes sabe de quién estoy hablando. Ustedes han enriquecido mi vida más allá de las palabras, por lo que esta página no bastaría para mencionar sus nombres.

Gracias, muchísimas gracias a Carlos y a Larry, de Grupo Nelson, por su insistencia en que produjéramos este libro. Gracias por ver más allá de lo que yo mismo veía acerca de los temas que presentamos en estas páginas. Les felicito por la valentía de permitirme abordarlos. Gracias por esta maravillosa plataforma. A Graciela Lelli, infinitas gracias. Tu detallado trabajo editorial y tu cuidado por la excelencia te convierten en una editora muy especial.

Gracias totales a mi cirujana de las letras, Omayra Ortiz, mi asistente de edición. Gracias por tu paciencia y esfuerzo en el proceso de plasmar todas mis ideas. Siempre me retas a ser un mejor escritor. La tarea no fue fácil, pero lo lograste.

Mis más sinceras gracias al valioso equipo de orientadores, consejeros, psicólogos, psiquiatras, médicos y pastores de Para que estés bien,

Inc. Es posible que jamás sepan la gran diferencia que cada uno de ustedes ha marcado en mi propia vida y en la de millones de personas.

Y a mi iglesia Auditorio de la Fe. Me honra servirles y ser su pastor. Su paciencia, sus oraciones y su amor han renovado mis fuerzas en todos estos años juntos. Gracias porque juntos hemos creado una comunidad de fe que cambia vidas por la gracia de Dios, donde todos somos imperfectos y todo es posible.

Finalmente, mi honra a la Florida Christian University (FCU), la institución que me ha guiado en mis estudios doctorales en Coaching. Mis reconocimientos especiales al doctor Anthony Portigliatti, al doctor Benny Rodríguez y al doctor Eugenio Figueroa, mis consejeros académicos. Así también, gracias a toda la facultad y personal no docente de FCU.

CONTENIDO

Dedicatoria   v

¡Mil gracias!   vii

Introducción   1

1 Hablemos de las «anacondas emocionales»   4
2 Hablemos de tus emociones de mujer   17
3 Hablemos de la sexualidad femenina   34
4 Hablemos de la sexualidad masculina   51
5 Hablemos de la masturbación   63
6 Hablemos de algunas adicciones   83
7 Hablemos de la infidelidad   95
8 Hablemos de la pornografía   113
9 Hablemos del abuso sexual   123
10 Hablemos de la homosexualidad   134
11 Hablemos de la bisexualidad   156
12 Hablemos del divorcio y las familias reconstituidas   173

Una charla final (en este formato)   197

Notas   207

Acerca del autor   211

INTRODUCCIÓN

Ya tienes este libro en las manos. Diste el primer paso y te lo agradezco. Recién comenzamos a caminar juntos, lo que espero se convierta en una interesante conversación y jornada para ambos. Sin embargo, para que esta obra tenga alguna relevancia y produzca cambios en tu vida, no te puedes mantener en la ingenuidad con respecto al peso e importancia de las emociones. Por mi parte, no puedo darme el lujo de andar con rodeos en los temas que discutiremos. Y, sobre todo, en cuanto a las «intimidades». Sí, particularmente en esos temas que a veces nos incomodan, nos ruborizan por lo que evitamos mencionarlos.

Creo firmemente que todos disponemos de capacidad para alcanzar la libertad emocional y espiritual que Dios quiere para nosotros. Nuestra generación, como ninguna otra en la historia de la humanidad, necesita ser sanada en lo relativo a sus intimidades emocionales. Nadie puede ser realmente libre si no toma el tiempo para descifrar y entender sus emociones internamente. Primero, hay que conocer la verdad para que entonces esa verdad pueda hacernos libres. Nuestras intimidades alcanzan la sanidad cuando sanamos nuestras emociones. Todas esas «cosas raras» que te ocurrieron en el pasado, cada una de tus circunstancias difíciles, no tienen por qué seguir afectando tus «intimidades» de hoy. Y para ayudarte a que sea así es que hemos escrito este libro.

Es posible que a veces sientas que tus emociones son como un balón de fútbol, que te mantienen corriendo de aquí para allá, dando patadas y cabezazos en este campo de juego que llamamos vida. ¿Sabes algo? A mí también me tocó ser balón de fútbol y ¡vaya que mis emociones

1

me patearon! Pero quiero decirte, a través de las páginas de este libro, cómo puedes superar esas situaciones emocionales íntimas, para que así alcances la libertad plena en todas las áreas de tu vida.

Para todo el equipo que ha participado en este libro —y especialmente para mí— tu libertad espiritual y emocional es importantísima. Más que importante, es vital. Me he concentrado en poner a tu disposición valiosas herramientas que te ayuden a liberarte de toda atadura. Como pastor, consejero de familia y psicólogo, tengo que confesarte que en cada una de estas lindas vocaciones, el tema de las emociones se ha comprendido y atendido de forma limitada.

En la pastoral latinoamericana, lastimosamente, el aspecto emocional y la salud mental de nuestra gente no reciben la atención que ameritan. Sin embargo, eso está cambiando hoy, contigo, conmigo y con una generación de nuevos mentores espirituales que Dios está levantando. Gente que estamos entendiendo que la libertad espiritual también incluye la libertad emocional. Y, sobre todo, que hemos entendido que muchas veces tenemos que atender primero la libertad emocional para abonar el camino hacia la libertad espiritual. Somos seres humanos complejos que necesitamos sanidad integral; esto es, en espíritu, alma y cuerpo.

Intimidades: Para que estés bien desde adentro pone a tu disposición todas las herramientas que utilizo —las convencionales y las nuevas— para dirigir a mis discípulos y pacientes a encontrar la libertad emocional y espiritual que tanto anhelan y merecen.

Soy un hombre de mediana edad que se ha formado en muchos mundos. Unos más conservadores que otros. Unos más amplios en su visión de vida que otros. Muchos mundos a veces opuestos entre sí, pero todos muy ricos en experiencia de vida y muy útiles para poder alcanzar a unos y otros.

En este libro me extenderé a mis hermanos pentecostales en Puerto Rico, a quienes debo el amor por la pureza de la Palabra de Dios. Alcanzo también a mis hermanos bautistas y luteranos estadounidenses, que afinaron mi educación teológica en Estados Unidos. Y también quiero llegar a mis queridos amigos católicos, con quienes he compartido extensos debates acerca de educación cristiana. Y con especial interés, pasión y agradecimiento, quiero llegar a los miles de oyentes de nuestro programa radial «Para que estés bien», que ha sido una poderosa herramienta para conectarnos con el mundo entero.

Y, por supuesto, abriré mi corazón a esa preciosa congregación que pastoreo en la ciudad de Pembroke Pines, en la Florida. Ustedes son testigos de cómo todo lo que enseñe aquí les ha hecho libres, sanos y salvos en Jesucristo.

También me mueve a escribir este libro el deseo de poner por escrito el testimonio de mi progreso —y mis tropiezos— en la libertad espiritual y emocional desde que decidí colocar a Jesús como mi referencia de vida.

Con *Intimidades: Para que estés bien desde adentro* también quiero honrar a mis padres, Don Luis y Doña Alicia, mis queridos viejos. ¿Sabes? Soy el fruto de una dinastía de mujeres y hombres fuertes y decididos que tuvieron que luchar muy duro para conseguir su espacio en la vida. Nacidos en extrema pobreza, y criados con los crueles sobrenombres de huérfanos y bastardos, se abrieron camino a codazos y por gracia en la historia de nuestra familia. Fueron vencedores, jamás víctimas de las tragedias humanas. A ellos mi honra y mi respeto, porque hasta que partieron de este mundo me modelaron la dignidad y el poder que se alcanza cuando se disfruta a plenitud de la libertad espiritual y emocional.

HABLEMOS DE LAS «ANACONDAS EMOCIONALES»

Por lo general, todos conocemos la historia sobre el comienzo de la humanidad. Casi todos estamos más o menos familiarizados con el relato de la primera pareja del paraíso: Adán y Eva. Considero el capítulo tres de Génesis como el más triste, trágico y traumático de toda la Biblia. Trama que tiene cuatro protagonistas: Adán, Eva, Dios y una serpiente. De Adán, de Eva y de Dios hablaremos más adelante; en este capítulo, quiero hablar de la serpiente.

Cuando era niño y me hablaban, en mis clases bíblicas infantiles, acerca de ese personaje, siempre lo visualizaba como una simple y casi inofensiva serpientita que hablaba. Algo así como los dibujos animados de *Dora*, *Disney* y *Nickelodeon*. Pero hoy día, cada vez que leo o estudio las consecuencias de las acciones de aquella legendaria serpiente de Génesis 3, no puedo evitar las imágenes que evoco sobre las «serpientes» de la vida.

Dentro del mundo animal, hay serpientes inofensivas, pequeñas, medianas... y las gigantescas anacondas de las selvas amazónicas en Venezuela y

Brasil. Y son precisamente estas últimas, las anacondas, las que me van a ayudar a ilustrar lo que quiero compartir contigo en este capítulo.

La anaconda habita en los pantanos y ríos tropicales de Sudamérica. Es la especie de serpiente más pesada que existe pues puede llegar a pesar hasta 550 libras (250 kg). Los ojos y las fosas nasales de las anacondas se encuentran en la parte superior de la cabeza, lo que les permite respirar y observar la presa, mientras que el resto del cuerpo está sumergido en el agua. Matan a su presa rodeándola muy lentamente, luego presionan, hasta que la ahogan.

Otras veces usan sus dientes para inmovilizar a la víctima y hundirla en el agua. Se comen a la presa entera y, como su mandíbula posee una flexibilidad asombrosa, pueden tragarse animales mucho más grandes que el tamaño de su boca. Entre otras muchas características, la anaconda es nocturna y muy silenciosa.

Cualquier parecido con las «anacondas emocionales» de la vida, no es pura coincidencia. Aparecen, por lo general, cuando estamos sumergidos en los pantanos de la vida: la rutina, la separación, el divorcio, la viudez, las infidelidades, el desempleo, la enfermedad, la muerte, la soledad, la pobreza, las prisiones reales e imaginarias. No cabe duda que podemos seguir añadiendo «pantanos» a esta lista.

Las «anacondas emocionales» son tan pesadas que cuando caen sobre nosotros nos aplastan, nos tumban, nos dejan tendidos en el suelo. Casi siempre son personas o circunstancias que nos han estado observando sumergidas desde sus propios pantanos, esperando el momento de mayor vulnerabilidad para envolvernos lentamente y tragarnos. Esas «anacondas emocionales», al igual que las que se arrastran por el Amazonas, son capaces de tragarnos enteros, sin masticar, en la oscuridad de nuestras vidas, y de una forma muy sutil y silenciosa.

Hay ciertos estados emocionales que nos hacen presa fácil para las «anacondas» de la vida:

- Falta de amor propio
- Miedos o falta de fe
- Autocompasión
- Ignorancia
- Depresión
- Adicción a ser aceptados
- Falta de sanidad interior
- Culpa
- Condenación
- Falta de dominio propio

Y créeme, *todos*, en algún momento, hemos sido presa de estas «anacondas emocionales». Todos. A veces se trata de gente real; otras veces son situaciones. Y otras, ideas y pensamientos generados desde nuestra propia mente. A todos nos ha pasado o nos pasará. Todos hemos vivido breves momentos o largas temporadas de nuestra vida en el pantano de la desesperación. Y justo ahí yacen las anacondas.

UNA HISTORIA SIEMPRE AYUDA

Hace algún tiempo, conocí a un hombre cuya historia me causó un gran impacto. Sus tormentas emocionales, sus victorias, sus fracasos, sus triunfos y aun sus tragedias me llevaron a identificarme con él. Desde muy jovencito fue un exitoso empresario cosechando grandes logros y muchas satisfacciones en su vida. Tuvo gran influencia en la política y en el gobierno de su país. Me cautivó cuando me enteré cómo venció, él solo, a un batallón enemigo mientras servía en el ejército de su patria.

Algunos años después, se casó con la hija del gobernante de su país. Sin embargo, ya estando casado, se enamoró de una mujer también casada. Esa otra mujer quedó embarazada de él. Los descubrieron y se armó un tremendo escándalo nacional. Todo el mundo supo cómo el gran héroe militar había terminado en un enredo pasional. Como consecuencia de ese triángulo amoroso, el esposo inocente de la señora casada, terminó muerto. Más tarde, el hijo producto del adulterio, enfermó y murió.

Pasaron unos veinte años y la tragedia volvió a tocar a la puerta de la vida de ese hombre, ya cercano a los cincuenta años. Descubrió que uno de sus hijos había violado a su hermana virgen. Y, en venganza, un tercer hijo mató al hermano violador. Como consecuencia de su propia conducta, Don David —que así se llamaba mi amigo—, llevó a su familia a una secuela de tragedias emocionales, morales y éticas, una tras otra.

Y es que la calidad emocional de cada persona es mucho más importante de lo que estamos dispuestos a admitir. La calidad, o la mediocridad, de nuestras decisiones en la vida tienen el potencial de edificar o destruir nuestro destino y el de nuestras familias. No obstante, todos estos hechos son solo una parte de la historia de Don David, uno de los autores más queridos del libro de los Salmos. La historia a que he hecho referencia aparece mencionada en los capítulos once al trece de 2 Samuel.

Precisamente por esas y otras tragedias emocionales este hombre —mientras era procesado por Dios— escribió grandes verdades sobre la correlación del pecado, las emociones desenfrenadas y sus consecuencias. El Salmo 40.2 dice: «Y me hizo sacar del pozo de la desesperación, del lodo cenagoso; puso mis pies sobre peña, y enderezó mis pasos». *Pozo de la desesperación*, así llamó David a sus tormentas emocionales.

Allí, muchas veces, percibió el aliento de las «anacondas» que lo rodearon, lo apretaron, lo trataron de ahogar, lo hundieron y casi se lo tragaron. Sin embargo, logró zafarse del corpulento abrazo de esas «anacondas». Muchas veces fueron personas; otras, fueron relaciones; aun otras, adicciones, debilidades, pecados y en otras, sencillamente sus propios pensamientos. De todas esas serpientes de la vida David pudo deshacerse con la ayuda de Dios y de su propio esfuerzo.

En mis años de práctica como psicólogo, *coach*, conferenciante y pastor, he tenido la oportunidad de ayudar a miles de personas que vivían ahogadas en sus «pozos de desesperación», y acechadas por sus «anacondas emocionales». A muchas de ellas, los miedos, las inseguridades, la depresión y las preocupaciones casi les matan. Ha sido un privilegio poder asistir a otros a entender y lidiar con sus emociones. Son muchos los testimonios que he escuchado de personas que hoy son libres porque disfrutan de sanidad emocional. Y no hablo solo de mis pacientes y discípulos.

Yo soy un testimonio vivo de cómo Dios no solo perdona pecados y sana enfermedades del cuerpo, sino que también se especializa en la sanidad de las emociones. Lo hizo con las mías. Sin embargo, no lo hará solo. Dios trató y sanó a David en sus tormentas emocionales según él iba sometiéndolas a Dios y haciendo sus propias tareas. Fue conquistando pequeños logros, poco a poco, uno tras otro que alcanzó la victoria.

El tema de las emociones es el área que más me apasiona en lo que hago. Quizá se debe a que fue en este aspecto de mi vida donde primero experimenté a Dios trabajando conmigo desde mis primeros años de niño. Luego de ser un adolescente rebelde, un joven y hasta un adulto con un temperamento algo volátil, y después de haber vivido mis propias pruebas de fuego en mi vida emocional, Dios hoy me ha regalado de su gracia para poder sanar y ayudar a otros a ser libres de la tiranía de las emociones.

Desde mis años de estudiante en la Facultad de Psicología en la Universidad Interamericana, en San Juan, Puerto Rico, hasta mis estudios doctorales en la Florida Christian University, me he sentido fascinado por la manera en que Dios nos ha provisto en su Palabra con todo lo necesario para que podamos ser libres de nuestros desastres «almáticos»; es decir, los asuntos del alma, emociones, sentimientos, voluntad, pensamientos, hábitos y actitudes.

Cuando le echo un vistazo a mi historia, puedo ver con claridad cómo Dios fue tratando conmigo, cómo sanó mi rebeldía —sin causa, para muchos—, mis complejos, mis inseguridades y mis miedos a través del manual de psicología más antiguo, y al mismo tiempo el más fresco y vigente que jamás haya existido: la Santa Biblia.

Es posible que, como mucha gente que he conocido en el ambiente de los negocios, en la academia, en los medios de comunicación, y aun en la misma cultura de la religión o en la vida de iglesia, tú seas una de esas personas víctima de sus propias emociones. Tal vez nadie lo sabe. Pero, en secreto, vives otra vida que nadie conoce, una vida codependiente de sensaciones, en la que huyes a gritos de tus miedos o inseguridades magulladas con diferentes pretextos.

A veces son «pequeñas adicciones» a ciertas prácticas, hábitos, relaciones o conductas en las que, de forma muy privada y secreta te has involucrado sin saber cómo liberarte de ellas. Sin embargo, tal vez no sepas cómo ser libre de esas conductas porque las estás tratando como «cosas espirituales», como enfermedades, como «cosas del amor», ignorando que, en esencia, tienen un origen emocional.

En la Biblia encontramos muchos personajes cuyos problemas y desobediencias a Dios no fueron realmente espirituales, sino que tuvieron sus raíces en la falta de sanidad emocional.

Don Adán era un hombre que tenía una relación modelo con Dios. Una amistad como nadie la ha tenido jamás con Él, superada solo por Jesús. Pero de un día a otro, descuidó su corazón, descuidó su diseño, descuidó su asignación en la vida y fue preso del primer ataque de pánico de la historia. Como resultado directo de haberle fallado a Dios, Don Adán descubrió una de las emociones más devastadoras que existen: el miedo. El miedo enfermó toda su estructura emocional. Y claro, el miedo no podía llegar solo. Vino acompañado de actitudes negativas como la desconfianza, el engaño, el reproche y la justificación. Llegó también la culpa y el dolor. De inmediato, como resultado del total desenfoque del hombre en Dios, se presentaron el homicidio, las contiendas, los dolores, el destierro, el exilio y la maldición. El relato detallado lo encuentras en Génesis 3.

Desde entonces, el miedo ha secuestrado la conciencia emocional de la raza humana. El «ser» emocional, el «yo» emocional de la raza humana quedó afectado.

LAS EMOCIONES TIENEN VOZ Y VOTO

Tal vez te parezca curioso, pero las emociones tienen voz y, créeme, a veces hasta gritan. Tal vez no te has percatado, pero el cien por ciento de lo que hablamos es el «audio», la voz, el sonido de nuestras emociones. Sean buenas o malas; para bien o para mal.

Las emociones hablan y dicen toda clase de cosas. A veces opinan, a veces sugieren y, en la mayoría de la gente, son las que mandan. Y el hecho de que tengan el voto final puede resultar bastante peligroso si esas emociones no están sanas y sugieren u ordenan que actúes de manera inapropiada. Por eso, toda persona que realmente quiera «estar bien» necesita primero tratar, sanar, entrenar y reprogramar toda su plataforma emocional en compatibilidad con el diseño original de Dios.

Las emociones le hablaron a Adán. ¿Qué te están diciendo las tuyas en estos días? ¿Que dejes a tu pareja porque ya se le notan los años? ¿Que dejes a tu cónyuge porque ya no trae dinero suficiente a la casa o porque no luce como el compañero o la compañera de la oficina?

Don Adán, cuando despertó recién creado, jamás pensó que le mentiría al Dios que lo acababa de crear. La idea no estaba en su mente.

Él nunca planificó escondérsele a Dios. Y, seamos sinceros, nadie en su sano juicio creería que puede esconderse de Dios. Ya sea detrás de los arbustos o detrás de la puerta de la habitación de un motel o en la oscuridad de la noche. El salmista David, aclara este punto de forma brillante:

¡Jamás podría yo alejarme de tu espíritu, o pretender huir de ti! Si yo quisiera que fuera ya de noche para esconderme en la oscuridad, ¡de nada serviría! ¡Para ti no hay diferencia entre la oscuridad y la luz! ¡Para ti, hasta la noche brilla como la luz del sol! (Salmo 139.7, 11–12, TLA)

ADÁN: VÍCTIMA DE UNA «ANACONDA EMOCIONAL»

Como consecuencia de aquel ataque emocional, Adán intenta esconderse de, engañar a y argumentar con, Dios. El ser al que ha quedado unido, su muñeca, su princesa, el amor de su vida, ha estado escuchando a una voz nueva, extraña que contamina un área de su ser que, hasta ese momento solo la voz de su esposo ha llenado: el área emocional.

«Esa nueva persona» impresiona a su esposa. Por primera vez, Don Adán se siente inseguro, quizás intimidado, porque alguien esté influenciando a su mujer. Ella, por su parte, está deslumbrada por las cosas lindas que este nuevo galán le está diciendo. Presiona entonces, a su hombre. Adán, para no parecer cobarde, trata de lucir bien ante su hembra. Dirigido por sus emociones, quizás piensa: «Voy a acceder a hacer algo diferente, no vaya ser que esta "nueva persona" que le está hablando al oído a mi princesa, tenga razón y yo luzca feo en este triángulo de voces».

Eva, por su parte, reacciona por primera vez con una estructura emocional contaminada. Contamina su mente, sus pensamientos, sus palabras y le da voz a una idea importada de una fuente extraña. Y contamina emocionalmente a su esposo. Este es el génesis del sistema emocional «almático»: inestable, traidor y mentiroso. Las emociones de la raza humana quedaron dañadas. La mente se corrompió, el pensamiento sabio e inteligente, heredado de Dios, desapareció. El corazón limpio se convirtió en cosa del pasado. El espíritu recto se pervirtió (Salmo 51.10, RVR60).

Ahora tenemos a un Adán, que gobernaba su vida desde el espíritu, siendo manipulado y secuestrado por un mar de tormentas emocionales. Unas veces quiere agradar a Dios, otras no; a veces piensa que puede engañar a Dios y que no se dará cuenta; otras veces cree que se puede esconder de Dios y aun otras es consciente de que eso es imposible.

CORRUPCIÓN DE LA CONCIENCIA

La llamada «caída del hombre» es más una trágica corrupción de la conciencia que un desplome. La corrupción del sistema emocional que Dios le dio a la raza humana es doblemente trágico porque los cristianos no nos hemos dado cuenta de que la causa de las tragedias humanas no es que Eva le haya dado de comer a Adán la legendaria manzanita. Esa no es la causa sino que es el efecto. Quizás lo menos importante. De lo que se trata es de la corrupción de la conciencia. La corrupción de nuestra memoria emocional.

Eva actúa con una memoria prestada. Piensa y maquina con un «disco duro» usado, ajeno. Si no fuera así, ¿cómo es que monta todo aquel discurso de seducción ante su esposo acerca de lo que debían o no hacer? ¿De dónde aprendió esos argumentos? Utilizó una memoria prestada. Ella no sabía desobedecer, no sabía manipular; no sabía contradecir a su esposo. ¿Cómo, entonces, salió ese día con esos argumentos? Lo hizo porque echó mano de una memoria prestada, usada y contaminada por un ángel (Lucifer), que ya había hecho lo mismo en el cielo, tal como lo relata Isaías 14.12–17.

UN «HACKER» CONTAMINÓ LA «MEMORIA» DE LA CONCIENCIA

Lo realmente devastador fue que toda la estructura emocional del ser creado se alteró. Satanás actuó como uno de los modernos «hackers», que piratean la seguridad de los sistemas de las computadoras corrompiéndolos o contaminándolos. Satanás alteró todo el sistema operativo creado por Dios a través del cual interactuábamos con Él y lo convirtió en un sistema abierto; expuesto a toda emoción e idea contraria al orden divino.

Por eso hoy pensamos que se puede tener un cónyuge y uno o dos amantes. Que se puede «reciclar» al esposo o a la esposa cada cuatro años, lo que nos ubica en la categoría de «personas modernas»; que podemos enamorarnos de personas del mismo sexo como otra manera creativa de expresar amor; que amamos hasta que el dinero nos separe. Ese sistema emocional pirateado permite a los padres divorciarse de los hijos sin remordimiento. Por llevar en nosotros tal sistema emocional, tenemos adicciones a sustancias, a personas y a conductas erradas pero que nos parecen completamente normales.

Si fue trágica la caída de nuestra conciencia emocional es doblemente infausto ver que los cristianos ignoramos esta realidad. Tratamos lo externo del nuevo creyente en Jesús. Trabajamos muy bien el aspecto doctrinal, la liturgia, los sacramentos, la tradición religiosa, la jerga, el lenguaje, el ritual, el formalismo, la oración, el rezo, lo legal y lo histórico. Pero nos olvidamos del origen real de todo; de la conciencia emocional de ese ser humano que, recién y como puede, se siente atraído por Jesús.

LO PRIMERO QUE SE DAÑA Y LO PRIMERO QUE HAY QUE RESTAURAR

Es absolutamente cierto que hoy la credibilidad de los líderes religiosos tanto evangélicos como católicos está quizás en su nivel más bajo en la historia moderna de la iglesia cristiana. Escándalos impensables, pastores, sacerdotes, obispos y líderes religiosos descubiertos en aberraciones contra niños y personas a las que debían proteger. Abusos de poder, manipulación, explotación, mercadeo con la buena fe de la gente como nunca antes.

¿La razón? No hemos sido tratados ni sanados en nuestras emociones. Cuando tu conciencia emocional está enferma, no puedes sanar a nadie. Al contrario, los contagiarás con otros males. La sanidad emocional y la sanidad espiritual no son como la medicina tradicional. Un médico que padece de cáncer, puede atender y salvar la vida de sus pacientes sin ninguna dificultad a pesar de su enfermedad. No es así con las cosas del alma. Si el mentor espiritual no está sano, estable y restaurado, sus discípulos tampoco lo estarán. Y no solo eso, sino que estarán expuestos a un riesgo mayor que su guía espiritual.

Lo primero que tenemos que sanar es lo primero que se dañó: nuestra estabilidad emocional; nuestra capacidad para tomar decisiones, nuestra inteligencia espiritual; la capacidad de gestión en orden con el diseño original de Dios, que encontramos en Génesis 2.18–25.

¿QUÉ ESTÁ BIEN? ¿QUÉ ESTÁ MAL?

En medio de mis tormentas emocionales, muchas veces llegué a pensar que yo estaba bien y que Dios era el que estaba mal. ¿Sabes qué descubrí? Que de los dos, el que estaba mal era el que tenía mi número de seguro social. Y es muy posible que te haya pasado igual a ti en algún momento.

...No puede estar mal que me quiera casar con esta persona, que me entiende a la perfección, aunque ella ya esté casada. Dios es injusto, no puede ser malo que nos amemos. Dios está mal al oponerse a que esta persona y yo nos amemos libremente, aunque seamos del mismo sexo. Dios no sabe nada de lo que siento. Dios es amor, no puede estar mal que nosotras nos amemos como pareja...

¡Y cuántos otros argumentos nos inventamos para justificarnos! Sin embargo, lo que está bien es el diseño original. Y lo que está mal son todas las ideas que salen de una conciencia emocional que no ha sido renovada ni transformada ni está sujeta a Cristo. ¡Y claro que hay miles de cosas que serán más placenteras que eso! Variadas opciones de «amar», quizás más «gratificantes» que la opción de hacer lo correcto. No obstante, «más placentero» no es sinónimo de «lo correcto». El que se ajuste a mi sistema de creencias privado, para nada altera el diseño de Dios. ¡Ese jamás cambia! ¡Ni las anacondas ni los *hackers* pueden alterarlo!

Por otro lado, para nada quiero caer en el viejo discurso santurrón y fanático, desconectado de la realidad que viven el hombre y la mujer de hoy. Créeme cuando te digo que puedo entender su mentalidad. A eso me dedico. Paso tiempo escuchándoles y trato de «encarnarme» en ellos desde el punto de vista de Jesús. Mis pacientes son muchas veces los rechazados, las prostitutas, los enfermos que no tienen a nadie a quien contarle sus tormentas secretas. Con todo el respeto a mis colegas pastores, uno de mis propósitos con este libro es tratar de «bajarme del púlpito», descender de la tarima de la superioridad y del estilo soberbio que hemos asumido algunos de nosotros los predicadores, para llegar a mi amiga que prefiere a otra amiga como compañera sentimental. Y para hablar a mi respetable amigo que ha preferido a otro amigo para hacer su vida juntos. Y para charlar con el cónyuge infiel, no desde el púlpito, sino desde la perspectiva práctica, sobre qué debe hacer para regresar al diseño de Dios.

Ahora bien, no esperes una epifanía ni ángeles entrando a tu habitación ni una voz con eco en el lugar donde estés leyéndome. No. Pero te invito a que abras tu corazón, tu mente y tu conciencia a los temas que discutiremos aquí. Te pido esto porque es lo mismo que yo he decidido hacer. Te hablaré al corazón, a veces le hablaré a tu conciencia y la mayor parte del tiempo me dirigiré al alma y al espíritu. Me he prometido ser sincero contigo. Seré honesto y libre, desde una perspectiva ni religiosa, ni legalista, ni «santurrona».

En algunas de las historias que leerás, se cambiaron los nombres y los lugares para proteger a los inocentes y la dignidad de todas las personas involucradas. Sin embargo, con cada historia, recomendación y consejo, me comprometo contigo a ser transparente y sencillo.

Otra vez, no pretendo que veas ángeles ni zarzas ardiendo mientras lees estas páginas. Pero sí te garantizo que si lees, aplicas, analizas y eres tan sincero contigo como lo seré yo, con la ayuda del Espíritu Santo, podrás cambiar cada una de tus intimidades pirateadas.

Aunque tengo varios diplomas y títulos, te hablaré a partir de la experiencia de la «Universidad de la Vida». Y como alguien escribió una vez, la experiencia es la más dura de las maestras pues primero te da el examen para que luego aprendas sus lecciones. Me dirijo a ti como un chico común que nació en un barrio pobre, de un pueblo pequeño, en una isla que apenas se ve en el mapa mundial. Quien escribe y se inspira en ti, es un puertorriqueño, negro, chiquito, feo y pentecostal, que logró hacerle una burla al destino y al «no se puede».

Te animo a que leas despacio, sin prisa. Recorre cada capítulo con plena conciencia, para que poco a poco puedas internalizar lo que vayas descubriendo. Te comento todo esto en este primer capítulo *para que estés bien.*

CAPÍTULO 2

HABLEMOS DE TUS EMOCIONES DE MUJER

Para escribir sobre este arriesgado tema he entrevistado a casi mil mujeres de diferentes edades, nacionalidades y trasfondos sobre sus preocupaciones, frustraciones y otras circunstancias. He aprendido muchísimo sobre sus particulares métodos para lograr salir adelante en áreas como la soltería, el matrimonio, la maternidad, el divorcio, el abandono, segundas nupcias y muchas otras. He documentado cientos de historias de superación y restauración después del maltrato físico, el abuso sexual, el encarcelamiento, la soledad, la traición, el exilio, y aun la enfermedad y el peligro de muerte.

A ti, mujer de fe de nuestros días, dedico este capítulo como un homenaje a tu fuerza de voluntad y a tu carácter.

Me siento muy cómodo escribiendo a, y sobre, la mujer en el tema de las emociones por varias razones. Primero, hace treinta y un años que estoy casado con una que me ha dado cátedra sobre todas las emociones habidas y por haber. Segundo, soy nieto de una madre soltera de principios del siglo veinte. Y tercero, soy hijo de una mujer que quedó huérfana de padre y madre a los seis años, y que vivió, parió, crió, bendijo y formó a una familia de seis hijos hasta los ochenta y siete años. Doña Alicia enfrentó y superó casi todas las tormentas emocionales que una mujer pueda enfrentar. Y fui testigo de gran parte del proceso.

Si bien es cierto que a lo largo de este capítulo me dirijo particularmente a la mujer, me parece que es sumamente beneficioso que los hijos varones de Adán y Eva también analicen las siguientes páginas con detenimiento. Sospecho que descubrirán mucho sobre cómo piensan y sienten ellas.

Comienzo por decirte que si te sientes «rara» o confundida en tus emociones con temas como el sexo, la intimidad y las necesidades femeninas dentro del contexto divino, no eres la única. Muchas mujeres no creen que Dios tenga algo que decir sobre esos temas. Por lo tanto, callan y no preguntan. Tal vez por vergüenza no se atreven a comentar sobre lo que están sintiendo o viviendo. Sin embargo, son precisamente las mujeres las que más cambios experimentan en sus cuerpos, sus estilos de vida y, más concretamente, en sus mapas emocionales. La sociedad le exige a la mujer estar equipada para la maternidad, la crianza, la vida profesional y para desempeñar sus funciones de esposa, hija, consejera, psicóloga, chofer, cocinera, médico, trabajadora, amante, pastora y psiquiatra... ¡Ah! Y todo al mismo tiempo. Y en ese trajín de la vida diaria se queda sin atender sus intimidades como mujer. He descubierto también que son pocas las que están dispuestas a conversar sobre sus emociones y sentimientos, por eso viven, disfrutan y sufren en silencio.

DE NIÑA A MUJER, PERO EN SILENCIO

Cuando llega la pubertad, con la primera menstruación te advierten que de eso no se habla con nadie. Es el primer tapaboca para las emociones. Según avanza el desarrollo de ese cuerpo de niña a mujer, tu estado de ánimo suele cambiar según los días del mes. Pero cuidado, de eso tampoco se habla. Y si alguien lo nota y suelta alguna de esas bromas tontas, como «es que estás en esos días», te frustras más porque sientes que no fuiste suficientemente discreta. Sin darte cuenta, vas perfeccionándote en el arte de silenciar emociones o, en el opuesto, en el de reaccionar a todo y a todos a partir de las emociones con todas sus incoherencias.

Sigues creciendo y en el camino alguien te robó el primer beso, la primera caricia; tu cuerpo, por supuesto, tuvo la primera respuesta en forma de excitación a esa caricia o a ese beso. Pero tampoco de eso puedes hablar. Y con más miedo que vergüenza, no sabes qué hacer ni cómo actuar. Ni siquiera sabes si lo que el jovencito te está proponiendo está bien o está mal.

Y así va pasando el tiempo, con emociones secuestradas y reprimidas por una sociedad religiosa que quiere de ti lo mejor pero que no te enseña cómo lograrlo sin fracasar en el intento.

Muchas llegan al matrimonio o a la maternidad, otras no alcanzan ninguna de estas etapas pero permanecen secuestradas en sus emociones y en sus vidas ignorando lo que Dios realmente piensa de ellas. Muchas viven toda la existencia sintiéndose culpables por lo que sienten o llenas de frustración por lo que no sienten.

Mi esposa y yo hemos recibido en nuestra consulta a muchas pacientes casadas con hijos, con diez, quince años de matrimonio, que nunca han experimentado un orgasmo. Las hemos referido a ginecólogos asociados a nuestro ministerio y, en la mayoría de los casos, estos nos dicen que no existe ninguna causa médica o fisiológica para que no puedan tener un pleno disfrute de la relación sexual con su esposo. ¿Cuál es la causa? Desde hace un siglo para acá le llaman «frigidez». En mi opinión, la frigidez no existe. Lo que existe son maridos perezosos y mujeres desinformadas, a las que no les permitieron tener un desarrollo emocional apropiado. Mujeres que nunca superaron sus traumas de violencia sufridos en la niñez, la adolescencia o ya de adultas. ¿Por qué? «Porque no se puede hablar de eso». «Porque las niñas cristianas, las "señoritas decentes", no hablan de esas cosas».

Con tantos mensajes cruzados, no es de extrañar que en las iglesias haya un número considerable de mujeres abandonadas por sus esposos. Las preparamos para ser «santas» en la calle, pero no para ser buenas amantes en la casa, con sus esposos.

ABUSO EXTREMO Y ALGUNOS OTROS

Según Amnistía Internacional, AI, la mutilación genital femenina (MGF) —extirpación parcial o total de los órganos sexuales— es posiblemente una de las violaciones sistemáticas más extendidas a los derechos humanos de mujeres y niñas. Alrededor del mundo, ciento treinta y cinco mil niñas y mujeres han sido mutiladas genitalmente, y dos millones más se añaden a esta cifra cada año. Este horrendo abuso se practica en forma generalizada en más de veintiocho países africanos y en algunos del Medio Oriente. La mutilación genital ha comenzado a verse en comunidades de inmigrantes en países industrializados, Asia y Latinoamérica.

La costumbre y la tradición son las razones más invocadas para justificar esta práctica. A esto se añade el control de la sexualidad femenina, la higiene y, en los países musulmanes en los que se realiza, la religión. Para AI, la mutilación genital femenina es una forma de tortura que viola los derechos humanos universalmente reconocidos de las mujeres y las niñas.

Por ello, AI «Insta a los gobiernos a que cumplan su obligación de proteger estos derechos y tomen medidas para erradicar esta práctica. También, pide a la comunidad internacional que reconozca esta práctica como una violación a los derechos humanos y que apoye las iniciativas de la ONG [Organización No Gubernamental] y colectivos que persiguen erradicar o sensibilizar *in situ* contra los tres tipos de mutilación femenina: infibulación, ablación y escisión».[1]

A este tipo de abuso extremo podemos añadir otro tipo de castración más sutil e igual de injusto. Algunas comunidades cristianas también se han involucrado en la mutilación psicológica de sus mujeres. Y ciertos sectores religiosos «castran» a la mujer en su desarrollo emocional, sexual y espiritual. Si bien algunos gobiernos religiosos extremistas castran a sus mujeres para evitar que se «corrompan en el placer sexual», otros sectores cristianos son culpables de «mutilar», inhibir y reprimir la expresión natural de la mujer en cuanto a sus necesidades sexuales.

Es un contrasentido: mientras una parte del mundo explota a la mujer en la publicidad, en algunos empleos y cierto tipo de funciones, al otro lado de la aldea global, las mutilan. Y según esto ocurre, los cristianos que sirven al Dios que diseñó a la mujer para sentir y amar, tampoco le hacen justicia. Todavía hoy, en muchos sectores del cristianismo latinoamericano, la mujer sigue siendo reprimida en su expresión emocional, sexual y espiritual. Esta es una postura antibíblica que reprime la función afectiva de la mujer en su intimidad. Nota lo «balanceado» que es el Espíritu Santo en este tema. La Biblia dice claramente que ambos, hombre y mujer, tienen derechos y obligaciones sexuales de disfrute mutuo.

Pero lo mejor es que cada hombre tenga su propia esposa, y que cada mujer tenga su propio esposo, para que no caigan en relaciones sexuales prohibidas. El esposo debe tener relaciones sexuales sólo con su esposa, y la esposa debe tenerlas sólo con su esposo. Ni él ni ella son dueños de su propio cuerpo, sino que son el uno del otro. Por eso, ninguno de los dos debe decirle al otro que no desea tener relaciones sexuales. Sin embargo, pueden ponerse de acuerdo los dos y dejar de tener relaciones por un tiempo, para dedicarse a orar. Pero después deben volver a tener relaciones; no vaya a ser

que, al no poder controlar sus deseos, Satanás los haga caer en una
trampa. (1 Corintios 7.2–5, TLA*)*

EMOCIONES Y SENTIMIENTOS

Antes de seguir adentrándonos en el laberinto de las emociones, me voy a detener un momento para explicar algunos conceptos importantes que pretendemos redefinir desde el punto de vista de la psicología moderna. Si bien es cierto que la cultura popular utiliza de manera intercambiable los términos emoción y sentimiento, en el contexto de la psicología no son lo mismo. Veamos.

La línea divisoria entre los sentimientos y las emociones es muy fina, por lo que es difícil detectar cuando pasamos de unos a otras. Sin embargo, existen algunas características particulares que pueden ayudarnos a establecer las diferencias.

Por un lado, la emoción es de corta duración. La produce el impacto de una noticia, un incidente o algo que es novedad, pero luego desaparece. El sentimiento, por su parte, es una experiencia más duradera. Los síntomas son idénticos, pero la duración y la evolución son lo que marcan la diferencia. Por ejemplo, te emocionas cuando ves a tu hija ganar un evento deportivo. Sin embargo, lo quieras o no, esto pronto desaparece. Sin embargo, te sientes orgullosa de tu hija al verla triunfar, y eso nunca desaparecerá, o por lo menos, es mucho más duradero. Eso son tus sentimientos.

El *Diccionario de uso del español*, de María Moliner, define estos términos de la siguiente manera:

sentimiento: *1. («de») m. Estado afectivo de la clase que se*
expresa: «Un sentimiento de angustia, de soledad, de abandono,
de insatisfacción». 2. Estado de ánimo de los que consisten en

*sentir atracción o aversión por una persona, o en sentir alegría o
tristeza.*

emoción *(del lat. «emotío, -önis»): f. Alteración afectiva intensa
que acompaña o sigue inmediatamente a la experiencia de un
suceso feliz o desgraciado o que significa un cambio profundo en
la vida sentimental: «La emoción por el nacimiento de su primer
nieto [por la muerte de su mejor amigo, en la despedida de su hijo,
en la boda de su hija]».*[2]

Los sentimientos van de un extremo a otro: de melancolía a euforia,
de placer a dolor, de amor a odio, de esperanza a desesperanza y, como
ya mencionamos, tienden a ser duraderos.

Las emociones se distinguen por ser más intensas pero, como ya
señalamos, de corta duración.

Hay otra clasificación que se refiere a los sentimientos propios, como
el orgullo, la vanidad, el narcisismo, la vergüenza, la humildad. También
están los sentimientos hacia los demás: simpatía, amor, compasión,
envidia, odio y antipatía. En sus inicios, la reacción ante nuestras emociones se asemejan entre sí, independientemente de las circunstancias
que las generen (una mala noticia, un momento de intensa alegría).
Experimentamos temblores, escalofríos, respiración rápida, palpitaciones, secreciones hormonales internas (aumento en la producción de
adrenalina); expresiones como gritos y sollozos, cambios en el tono de
voz, alteración en el ritmo de los pensamientos y, en ocasiones, hasta la
pérdida del control de los actos.

Cuando las emociones son muy violentas, se liberan sentimientos
reprimidos y reaparecen modos primitivos en los que el sujeto puede
decir palabrotas y hasta realizar gestos brutales. Estas expresiones son
iguales para mujeres y hombres. La diferencia puede estar en que el
varón, quizás por diseño y por cultura, aprende a controlar algunas

reacciones más que la mujer. Pero para nada quiere decir que no les afecta. Tal vez el varón requiera un grado mayor de impacto antes de dar paso a alguna reacción. Sin embargo, las mujeres también pueden necesitar un mayor estímulo a la hora de reaccionar en cuanto a determinadas emociones.

Por ejemplo, ellos pueden requerir un impacto emocional más intenso para ser provocados al llanto. Sin embargo, una palabra o una mirada desafiante de otro varón pueden provocarles ira y agresividad. Por su parte, las mujeres tal vez no necesiten mucho para reaccionar con llanto ante una determinada situación; pero, en general, será más difícil provocarlas a un acto de agresión contra otra persona.

Algunos expertos dividen la emoción en dos clasificaciones básicas: la *emoción-choque* y la *emoción-sentimiento*. La primera, que se refiere a una especie de trastorno o perturbación de la rutina de la persona, ya sea física o fisiológicamente, e involucra las emociones negativas o desagradables como el odio, la amargura, el rencor, el dolor, la ira, entre otras. Y la *emoción-sentimiento*, que se refiere a un estado afectivo caracterizado por las emociones gratificantes y agradables que vivimos o experimentamos con respecto a personas, cosas o situaciones, como la alegría y el amor.

Otra vez, todas las emociones comienzan con alteraciones físicas y psicológicas similares. En el momento de la experiencia emotiva, las reacciones son muy parecidas ante todas las experiencias emocionales. En primera instancia, nuestros cuerpos reaccionan de la misma forma cuando sentimos amor que cuando sentimos odio. Por eso lloramos de alegría, de tristeza o hasta de frustración. Podemos también llorar en un tiempo de adoración a Dios o podemos llorar en un tiempo de enojo con Dios. Temblamos de miedo y temblamos cuando estamos eufóricos. Temblamos cuando nos abraza un ser querido. Pero también cuando nos amenaza el ser que nos odia. En todos los casos, se da la misma alteración inicial: cambios en la respiración, en las palpitaciones del corazón y en la circulación, por nombrar solo algunos. Luego viene una segunda fase, en la que las reacciones están más diferenciadas y cada emoción comienza a tener su cuadro de síntomas particulares para cada una de ellas.

Algunos psicólogos también las distinguen en dos fases: la *emoción grosera* —experimentada por las personas cuando los sentimientos son adversos— y la *emoción pura*, dominada por la emoción-sentimiento y que incluye las sensaciones agradables que experimentamos con personas, cosas o situaciones. Cuando se le enseña a alguien a interpretar una experiencia como grosera o impura, la internalizará como tal.

Si tu cultura religiosa te enseña que la sexualidad es impura, que el acto sexual es pecado, entonces siempre te sentirás reprimida y como una pecadora, aunque sea dentro del sagrado vínculo del matrimonio.

EMOCIONES ÍNTIMAS FEMENINAS

Ya con un poco más de información, adentrémonos en el mundo emocional íntimo de la mujer. Empecemos diciendo que cada mujer tiene que aprender a reconocer y a administrar sus emociones. Tú sientes y padeces. Debes aprender a conocer lo que estás viviendo. Debes saber por qué lo sientes y debes conocer cómo mantener cada emoción y cada necesidad bajo control y dentro de los límites saludables.

La Biblia afirma que todos, hombres y mujeres, tenemos la capacidad para disfrutar de nuestra sexualidad. Y también a ambos se nos exige dominio propio. No hay derecho a que tu sexualidad sea mutilada, pero tampoco podemos ejercer nuestro disfrute sexual de forma desordenada, sin límites, sin dominio propio. En todo, tenemos que honrar la idea original de Dios: «Por tanto, dejará el hombre a su padre y a su madre, y se unirá a su mujer, y serán una sola carne» (Génesis 2.24, RVR60).

LA HISTORIA LAS JUZGÓ MAL

Las mujeres, lamentablemente, siempre han sido vigiladas y señaladas. Solo Jesús les hizo justicia. Desde antes de nacer, hizo que Dios se expresara como nadie de las mujeres: «¡Dios te ha bendecido de manera especial! El Señor está contigo. María se sorprendió mucho al oír un saludo tan extraño, y se preguntaba qué significaba eso» (Lucas 1.28–29, TLA).

Dios le confió a la mujer la responsabilidad de traer a su Hijo al mundo. Aun más, su Espíritu Santo se posó sobre aquella mujer, se acercó a ella, cubriéndola con poder. Luego otra mujer reveló la clave a María: «¡Dios te ha bendecido porque confiaste en sus promesas!» La mujer de la época no estaba acostumbrada a escuchar mensajes o bendiciones de parte de Dios, y mucho menos a ser distinguida de manera tan especial. Por eso a María le resultó extraño el saludo de aquel ángel. La aparición más cercana de un ángel había ocurrido seis meses antes, para anunciar el nacimiento de Juan (el Bautista). Pero ese anuncio fue dado a Zacarías, el esposo de Elisabet.

Con excepción de la visitación de un ángel a la madre de Sansón unos 1050 años antes de Cristo, es la primera vez que se pronuncia bendición sobre una mujer sin la participación de un varón. Jesús vino a ser redentor de la dignidad de las mujeres. Él le hace justicia por lo que su ser completo es redimido. En la Biblia no hay registro anterior como este de Lucas. No se sabe de una sola mujer, antes de Elisabet y María, en que la cultura religiosa depositara privilegios de honor. Dios, desde el anuncio mismo de la llegada de Jesús, comienza a redimir la estructura emocional de la mujer. Por primera vez alguien las toma en cuenta y respeta su diseño. La visitación de Gabriel a María revela varias cosas:

- No es verdad que solo las mujeres atienden a la voz de la serpiente (corriente teológica que sostiene la supremacía del hombre, por ser el único que puede escuchar a Dios).

- La mujer siempre fue parte integral del plan de salvación para la humanidad.
- Dios no hace acepción de persona ni de sexo. Las mujeres y sus emociones fueron usadas para la primera adoración en los evangelios, con motivo del anuncio del nacimiento de Jesús (Lucas 1.46–50).

Con el poema de exaltación que registra Lucas en el capítulo 1 de su Evangelio (vv. 46–55), María pronuncia una adoración profética. Está profetizando que ya no será esclava de sus emociones ni será esclava de nadie. ¡El Mesías cambiará su papel en la vida! Ya no será más la despreciada creación de segunda clase porque Dios ha hecho grandes cosas por ella.

JESÚS VALORA A LA MUJER

Todavía hoy, ya entrado el siglo veintiuno, en muchos sectores de la sociedad no se quiere dar a la mujer su espacio en el liderazgo. Sin embargo, Dios piensa distinto. Antes del nacimiento de Jesús, Dios le detalló a una mujer cuál era su plan. María, esa jovencita virgen, fue líder en la revelación de la llegada del Mesías. Esa chica le guardó el secreto a Dios. Fue socia de Dios con respecto a la estrategia de sorprender a la humanidad con la llegada de Jesús. El diseño emocional de la mujer resulta perfecto para los planes y estrategias de Dios. Una mujer madura y sana en cuanto a sus emociones sabe callar cuando tiene que hacerlo; sabe dominar sus emociones y sentimientos en el momento justo; y también sabe cuándo comunicar al mundo lo que Dios quiere hacer con ella.

A María le tocó convencer a los hombres sobre lo que Dios había decidido respecto del nacimiento de Jesús. A los hombres —representados por José— les tomó algo de tiempo entenderlo. María lo creyó de inmediato. Su emoción natural de sorpresa no le impidió creer el plan. Ni sus sentimientos la hicieron salirse de él. La mujer tiene una capacidad maravillosa para guardarle secretos a Dios, para guardar los secretos de su esposo, para guardar la dignidad del matrimonio y de su familia sin tener que renunciar a su sensibilidad emocional y espiritual.

El diseño emocional de la mujer no es un impedimento para la fe. Al contrario, es precisamente ese diseño el que la lleva a adorar, a levantar expresión de agradecimiento a Dios. Y la impulsa a que los suyos también le crean a Dios. Dios mismo reconoció en María un liderazgo estratégico impresionante. Ella tendría que administrar el secreto de Dios de forma sabia, cuidadosa y precisa. María no podía ser una «loca emocional», tendría que elegir a quién contarle el secreto del niño que llevaba en su vientre. Su tarea como madre de Jesús fue de gobernante, diplomática, estratega y administradora.

¿Puedes imaginarte lo que es amamantar al Creador del mundo? ¿Peinar a la divinidad? ¿Te imaginas al Arquitecto del universo caminando por Nazaret de la mano de María? Esta joven mujer fue la tutora del mensaje de salvación hecho niño. ¡Hay que ser muy sana emocionalmente para poder cumplir tal asignación! En lo personal, me ministra mucho ver cómo María, aunque amó al niño con toda su alma, nunca intentó «adueñarse» de él. Nunca se le ve en los evangelios tratando de desviar a Jesús de su propósito.

María es una perfecta referencia de madurez emocional y equilibrio en el área sentimental.

JESÚS LE HIZO JUSTICIA A LA MUJER

Gracias al trato redentor de Jesús con la mujer, cambió radicalmente la historia de su rol en el mundo. Sin embargo, como suele ocurrir, siempre se levantan movimientos para pervertir lo que Dios hace. Pero nadie debe confundirse: Jesús jamás discriminó a la mujer. Gracias a Él —y no al movimiento feminista— las mujeres en Estados Unidos manejan el cincuenta y cinco por ciento de los negocios nuevos. Ellas están sensibilizando a los gobiernos, a las empresas, a las iglesias y a sus profesiones.

Como dato curioso, las mujeres están ocupando cada vez más puestos de liderazgo en los campos de la medicina, la psiquiatría y la psicología. Son ellas las que están sanando a nuestra sociedad. Hoy, el cuarenta por ciento de los estudiantes de medicina en las universidades de Estados Unidos son mujeres. Según un estudio realizado en San Diego, California, las consultas de las doctoras están llenas de pacientes a todas horas. Sin lugar a dudas, Jesús las hizo libres. Su propuesta de trato justo y digno les dio valor. Cuando Dios le habló a María, también les hablaba a las mujeres de la humanidad.

El mundo no debe ignorar las emociones, los sentimientos y la sensibilidad de la mujer. Por algo Dios las diseñó como lo hizo. Otro excelente ejemplo de esto es la esposa de Pilatos, que quiso evitar la equivocación del gobernante al momento del juicio de Jesús. Esa mujer no era ni judía, ni cristiana, pero en sueños percibió algo que su esposo no fue capaz de ver aun despierto: «No te metas con ese hombre, porque es inocente. Anoche tuve un sueño horrible por causa de él» (Mateo 27.19, TLA).

Nota la manera en que la persona de Jesús impacta la conciencia emocional de una mujer pagana. Su alma y sus sentimientos se conectaron con el redentor de la dignidad de las mujeres al decir: «No te metas con ese...». Hay mucho pueblo de Dios que está aborreciendo cosas que Dios creó y consumiendo otras que el hombre inventó con sus prejuicios. ¡Y qué gran peligro corremos si amamos lo que Dios odia y dejamos de amar lo que Dios ama!

PARA QUE ESTÉS BIEN...

1. **No niegues tu diseño**. Así como fuiste creada por Dios con un cuerpo del género femenino, también te diseñó con un mapa emocional específico para tu género. No hay nada malo con ser mujer, ni nada malo con tu sensibilidad. ¡Celebra tu diseño emocional, tu feminidad y tu sexualidad! Todos los meses algo en tu ciclo biológico te recuerda que eres mujer, que tienes un diseño diferente al hombre, que fuiste creada con capacidades únicas, que ni el más poderoso de los hombres podrá jamás imitar. El hombre podrá operarse sus genitales, pero jamás podrá ovular o menstruar. El hombre podrá fabricarse pechos imitando los tuyos, pero jamás podrá amamantar ni siquiera a una ratoncita. No puede. Porque no fue diseñado para eso... tú sí. De igual manera, Dios te dio tus emociones y tu sensibilidad para equilibrar a este mundo loco, frío e impersonal. Los hombres no podemos sentir lo que tú sientes porque nunca podremos cargar un bebé en el vientre. Eres sexual y emocionalmente distinta a nosotros. Tu estructura emocional es única. Disfruta cada aspecto de tu diseño.

2. **Dios te ama tal como eres**. Él te creó así y, si hubiera algo que cambiar, lo hará con mucho amor, no con reproche. Tu Creador nunca dejará de amarte. Vive segura de esa verdad... ¡nada puede cambiar los sentimientos de Dios por ti! Y si eso es cierto, entonces nada debe cambiar la idea de quién eres en Dios. Eres una artesanía hecha a mano por Dios, fina, cara. Tus emociones también lo son. Construye una imagen emocional saludable. No

tengas un concepto de ti más alto del que debes tener. No eres «la diosa» que gobierna y controla el universo. Pero tampoco eres la alfombra para que te pisoteen ni el recipiente desechable de nadie. Recuerda que eres una parte del carácter de Dios. Sensible, tierno, romántico y amoroso. Y aceptar que eres así para nada te hace un ser humano débil; por el contrario, tu sensibilidad te hace fuerte en sabiduría; la ternura te hace admirable ante los demás. Ser romántica y amorosa te hace influyente en la tierra y honrada en el cielo.

Siempre habla con sabiduría, y enseña a sus hijos con amor. Siempre está pendiente de su casa y de que todo marche bien. Cuando come pan, es porque se lo ha ganado. Sus hijos la felicitan; su esposo la alaba y le dice: «Mujeres buenas hay muchas, pero tú las superas a todas» (Proverbios 31.26–29, TLA).

3. **Confía más en Dios y menos en los hombres**. El Señor es quien suple todas tus necesidades. No dependas de hombre, ni de hijos, ni de títulos ni de trabajos para sentirte viva. Tu sentido de realización en la vida tiene que ver principalmente contigo y con tu Realizador, Dios. Cuando haces eso, vas a notar cómo tus emociones comienzan a sanar y a ser protegidas por el Padre. Muchas mujeres descubren su valor en la vida precisamente después de un abandono, la viudez o el divorcio. No tienes que esperar a que algo así suceda. Tu vida espiritual debe estar conectada a Él, pero también tu vida emocional debe estar calibrada por Él. Demasiadas mujeres son engañadas todos los días por no conocer su vulnerabilidad emocional. Hay días del mes cuando es más fácil que te seduzcan. Hay otros días de tu ciclo en los que tal vez estás más vulnerable a las ofensas. Hay momentos de tu día en los que estás más propensa a la tristeza. Y hay otros momentos de ese mismo día en los que estás más susceptible a la euforia o a la celebración. Por eso es tan vital que te

conozcas muy bien, que diseñes tu propio mapa emocional. Eso te ayudará a entenderte mejor y a estar más protegida. Un mapa saludable sobre quién eres y de quién es Dios para ti debe partir de las verdades que presenta Isaías 54.4–6 (RVR95):

No temas, pues no serás confundida; no te avergüences, porque no serás afrentada, sino que te olvidarás de la vergüenza de tu juventud y de la afrenta de tu viudez no tendrás más memoria. Porque tu marido es tu Hacedor («Jehová de los ejércitos» es su nombre). Él es tu Redentor, el Santo de Israel, el que será llamado Dios de toda la tierra. Porque como a una mujer abandonada y triste de espíritu te llamó Jehová, como a la esposa de la juventud que es repudiada, dice el Dios tuyo.

4. **Guarda tu corazón.** La mejor protección que les puedes dar a tus emociones es guardar tu corazón. ¿Cómo hacerlo? Teniendo cuidado con lo que miras y con lo que escuchas, y escogiendo con quién compartes tus experiencias. Escuchar la opinión de los fracasados del alma te convertirá en otra fracasada emocional. La voz de los fracasados siempre suena convincente. No caigas en esa trampa. Sé cuidadosa con las actividades y las personas que te rodean, especialmente cuando estás pasando una tormenta emocional. Hay «cazadores» especialistas en detectar a mujeres lastimadas en sus emociones y confundidas en sus sentimientos. Son a ellos a los que Jesús llamó «lobos vestidos de ovejas». Ellos saben perfectamente qué decir, en qué momento abrazarte y cuál es la frase que necesitas escuchar. Son «cardiólogos» expertos en corazones «sangrantes». No te fíes de ellos. Este tipo de hombre no viene por ti. Vienen por ellos mismos, para satisfacer sus propias urgencias, sus egos enfermos y sus patologías del alma.

5. **Supera las heridas del pasado**. El compromiso más importante que estoy haciendo ante Dios, y ahora ante ti, es orar diariamente por toda persona que ha sido víctima de sus emociones o abusada

por medio de sus emociones. Oro por sanidad para toda persona que lea este capítulo y se dé cuenta de que sus emociones han sido lastimadas. Mi deseo es saber de ti, como una persona libre, equilibrada, sana y superada en tu vida emocional. Si las emociones te han «pateado» de un lado para el otro, si por causa de tus emociones has caído una y otra vez, tengo una buena noticia para ti: eso no tiene que seguir siendo así. Tienes derecho a ser libre. Quizás lo vivido fue «brutalmente» injusto. Lo comprendo, casi te puedo entender, pero supéralo. Tienes que superarlo porque la vida te espera. Quedarte encerrada en tu tragedia no resuelve nada. Tienes que salir a la vida y vivirla plenamente. La manera de superarlo es buscando una familia de fe que ame y respete a la mujer como Dios ama a la iglesia. Tienes que familiarizarte con la Palabra de Dios. Debes pensar cómo puedes ayudar a otros con tu experiencia. Uno sana sanando. Involúcrate en actividades o grupos de apoyo que ayuden a mujeres maltratadas, niños con impedimentos... ama a las personas, pero nunca más que a ti misma. La Biblia nos dice «ama a tu prójimo como a ti mismo». Pero no puedes amarlos más que a ti misma. Ya verás que te vas a sentir mejor en la medida en que aprendas a amarte más. Nuestra enfermedad emocional siempre se basa en un desequilibrio de nuestros amores. El orden correcto debe ser: Dios, tú y al lado tuyo, los demás. No puedes amar a los demás más que a ti.

CAPÍTULO 3

HABLEMOS DE LA SEXUALIDAD FEMENINA

No son muchas las mujeres cristianas que consideran la sexualidad como un regalo de Dios. En nuestra práctica, «Familia y sexualidad marital», hemos observado que pocas mujeres cristianas se dan el permiso o la oportunidad para disfrutar de la sexualidad en el matrimonio como un don de Dios. Tal vez por los conceptos religiosos aprendidos, a la mujer hispana evangélica y a la mujer hispana católica tradicional se les hace difícil poner los nombres «Dios» y «sexo» en la misma oración.

Durante los meses de enero a junio del 2011 les pedimos a quinientas mujeres, católicas y evangélicas, entre los veinticinco a cincuenta años y residentes del sur de la Florida que hicieran un listado de las cualidades que definen a una «mujer de Dios». Ninguna de ellas incluyó las palabras «sexual» o «sensual» en su definición de «mujer de Dios». Para nosotros resultó muy revelador pues si no se asocia la sexualidad como parte integral del diseño divino para la mujer, entonces cuando esa esposa vaya al acto sexual, lo hará como una simple actividad física, sin mayor trascendencia, y sin valorar lo que ese acto representa en la mente de Dios.

No cabe duda que sí recibimos muy buenas definiciones. Una de las que más se repitió es la que aparece en Proverbios 31.10 (TLA):

> *¡Qué difícil es hallar*
> *una esposa extraordinaria!*
>
> *¡Hallarla es como encontrarse*
> *una joya muy valiosa!*

Además, se repitieron las siguientes en distintas combinaciones: Una mujer de Dios «vive conforme a la voluntad de Dios», «es una servidora abnegada, amorosa y humilde», «es sabia, ama a su marido y a sus hijos».

Sin embargo, en ninguna de estas definiciones se incluye algún aspecto sexual o físico. La razón evidente es que, por lo general, las mujeres cristianas no asocian la vida sexual con Dios. Y la causa detrás de eso es que todo lo que tiene que ver con las palabras «sexo», «sexualidad» o «sensualidad» se clasifica como algo pecaminoso o negativo. Y cuando no asociamos algo con Dios, nos distanciamos, lo evitamos o lo neutralizamos. Es lo que, de forma inconsciente, hemos hecho con el don divino de la sexualidad. Lo hemos evitado como tema y lo hemos escondido como realidad de vida. Sin embargo, eso nos lleva a dos extremos igualmente peligrosos.

Por un lado, hacemos un mal uso de la sexualidad cuando no nos educamos al respecto. Tratamos mal el tema cuando no le damos la importancia necesaria en el matrimonio. Y abusamos del mismo cuando en lugar de disfrutarlo en el matrimonio, lo usamos fuera de él. Estoy convencido de que una de las causas principales de la desintegración que sufre la familia en nuestras comunidades de fe tiene su raíz en que, por mucho tiempo, hemos ignorado este asunto.

Si lo miramos desde esta perspectiva, no debe extrañarnos que muchas de las parejas cristianas vivan en matrimonios secos, sin pasión y, por lo tanto, en alto riesgo.

DOS EXTREMOS

Las experiencias con nuestros pacientes nos han ayudado a identificar algunos extremos en este espectro. Por un lado están los matrimonios que viven bajo un techo y duermen en la misma cama... como «hermanitos». Por otro lado, están los que llevan una vida sexual escondida fuera del matrimonio o solos; esto es, sin incluir a su pareja. Aquí se incluye la masturbación, la pornografía, las fantasías sexuales, el «chateo» y las conquistas vía Internet. Ambos extremos ignoran que una sexualidad que no se atiende de forma adecuada se atrofia. De igual manera, una sexualidad sobreexpuesta, fuera de los límites que Dios prescribió, también termina dañada.

En estos extremos también se encuentra la persona que no se perdona sus pecados sexuales del pasado, ni a los agresores de entonces. Esto también provoca otro terrible obstáculo en el desarrollo y la salud del matrimonio, además de afectar la autoestima, la salud emocional y espiritual.

Sin embargo, la causa mayor para que las mujeres cristianas se distancien del disfrute de su sexualidad es ver cómo el mundo ha pervertido este tema. «Muchas mujeres sienten que tienen que desasociarse de cualquier cosa erótica o sensual para ser devotas».[1]

El propósito de querer «agradar a Dios» debe ser intrínseco en cada uno de nosotros. Sin embargo, lo incorrecto es creer que la única manera de estar bien con nuestra sexualidad es practicarla como «los que no tienen a Dios» en su vida. El mundo nos robó la pureza del sexo, lo pervirtió, y muchos buenos cristianos han renunciado a ese don aun dentro del matrimonio para «no contaminarse». Otros cristianos —no tan buenos— han olvidado las buenas costumbres de disfrutar de su cónyuge para entretenerse en el consumo del sexo barato de la pornografía, el adulterio, la fornicación, el lesbianismo y la homosexualidad.

He llegado a la conclusión de que el mejor socio que tiene la industria del sexo comprado es la ignorancia sobre la sexualidad. Muy en especial, por la percepción que tienen las mujeres sobre su propia sexualidad y la de su esposo. Cuando una mujer se pasa el tiempo negándose a su esposo, sin una causa médica real o justificada, está dándole la excusa perfecta para que el marido se sienta con derecho a resolver el asunto de la forma que sea, con lo que sea o con quien sea.

Mujeres, ¡despierten! ¡No sean ingenuas! Un hombre, por muy cristiano que sea, no va a vivir toda una vida esperando a que se te quite el dolor de cabeza para tener sexo contigo. Pocos maridos van a poder disfrutar de tu sexualidad de forma saludable si te pasas la vida huyendo. Pocos matrimonios sobreviven si no entienden ambos que el sexo es una idea y un don de Dios. Y como toda idea de Dios, tiene sus derechos y obligaciones. Cuando no tienes esto claro, tu relación con tu esposo es solo «por cumplir», es rutinaria y sin pasión.

¿CÓMO LIDIO CON MI SEXUALIDAD CUANDO A MI ESPOSO NO LE INTERESA?

Lucy, una joven dama que nos escribió, pregunta: «Soy una mujer cristiana, mi esposo es alcohólico y diabético. Por esas razones, no puede complacerme sexualmente. El divorcio para mí no es una opción ni tampoco la infidelidad. Pero, ¿cómo puedo lidiar con mi sexualidad? No quiero fallarle a Dios, ni quiero dar espacio a una aventura fuera del matrimonio. He tenido que practicar la masturbación porque a veces me siento demasiado presionada. No sé a quién consultar. ¿Qué me aconsejan?»

En la Biblia no hay ni un solo versículo que podamos usar como respuesta directa para Lucy ni para otras miles de mujeres cristianas que están viviendo ese conflicto. Por un lado, quieren mantener conductas adecuadas, que no ofendan a Dios pero, por otro, sus necesidades naturales no están siendo atendidas por sus cónyuges. Y lo cierto es que la Biblia guarda silencio sobre el tópico de la autosatisfacción (más adelante dedicamos todo un capítulo a este tema).

Bajo ciertas condiciones, si queremos ser honestos y prácticos, tenemos que aceptar que la autosatisfacción pudiera ser un acto liberador para la tensión sexual extrema. Sin embargo, tengo que advertir que esto no representa el ideal de la sexualidad diseñada por Dios. Lo aplicaría como una concesión, bajo determinadas condiciones. Primero que nada, tenemos que recordar que toda conducta sexual tiene el potencial de afectar, en el futuro, la vida sexual normal de la persona. Y aquí incluyo la masturbación, pero también la abstención prolongada.

Segundo, la persona tiene que mantener un extremo cuidado con lo que está en su mente. Cuando hablamos de la masturbación es de mucha importancia que cuides tu mente en cuanto a lo que es la fantasía y lo que es la realidad. Y quiero enfatizar que esto es cierto tanto para quien recurre a la autosatisfacción como acto liberador para la presión sexual, como para la persona que va al acto sexual con su cónyuge. El hecho de que vayas a la cama con tu cónyuge para nada es garantía de que tu mente está allí y en ese acto. La mente, las fantasías y el pensamiento son el problema, no necesariamente la masturbación como acto.

En lo personal no veo diferencia entre la persona que se autosatisface a solas con fantasías sexuales y quien participa del acto sexual con su cónyuge y está fantaseando mentalmente con otra persona. Ambas están adulterando. Así lo estableció Jesús, que siempre prefirió ir al origen de las cosas. La Biblia nos dice en Mateo 5.28 (RVR60): «Cualquiera que mira a una mujer [o a un hombre] para codiciarla, ya adulteró con ella en su corazón». Entonces, lo que hay que atender con prioridad es la sanidad de la mente antes que el acto físico.

Hoy vemos la tendencia, entre los guías espirituales, a atacar los síntomas e ignorar las causas. La autosatisfacción o masturbación es el síntoma, las causas pueden ser muy variadas. Un proverbio popular dice: «La fiebre no está en la sábana, sino en el paciente». No se medica a la sábana, se medica al paciente. Aprovecho la analogía para aclarar que la fiebre en el cuerpo no es una causa, es un efecto. La fiebre como tal no es la enfermedad. Es un indicador de la presencia de una infección u otra afección en ese cuerpo.

Y regresando al tema de la autosatisfacción, Pablo advierte que hay un alto riesgo de pecado cuando no hay vida sexual entre los esposos por largo tiempo: «para que no os tiente Satanás a causa de vuestra incontinencia» (1 Corintios 7.5, RVR60). En situaciones especiales, prefiero que un paciente libere su tensión sexual de forma solitaria, privada y discreta, antes que exponerlo al gran riesgo que supone la abstención prolongada de actividad sexual con su cónyuge. Aquí le tomo prestada a Pablo una frase muy honesta: «Mas esto digo por vía de concesión, no por mandamiento» (1 Corintios 7.6, RVR60).

Puedo anticipar algunas opiniones: «Esa persona debe dedicarse a orar y a leer más la Palabra». Creo que ese consejo es bueno. Pero el mismo Espíritu Santo dice que aun el tiempo de la oración estará sujeto a acuerdos sobre el tema de la actividad sexual de los cónyuges. Es fácil llegar a juicios apresurados de condenación y generalizaciones, y hacer comentarios como: «Que reprenda al diablo», «Que ore y ayune», «Que se dé una ducha de agua fría», etc. Y es cierto, todos esos «consejos» pueden ayudar.

No obstante, debemos admitir que el tema de las necesidades sexuales, en los buenos cristianos, no tiene nada que ver con el diablo, ni con la temperatura del agua en la ducha. Tiene que ver con el diseño y el don de la sexualidad que nos fue dado. Cuando hay un cónyuge ausente, enfermo, impedido o desinteresado, el otro cónyuge muy probablemente enfrentará grandes desafíos en el tratamiento de su sexualidad. «Pero cada uno tiene su propio don de Dios, uno a la verdad de un modo, y otro de otro» (1 Corintios 7.7, RVR60). Y la misma Biblia señala que el «don de continencia» no le ha sido dado a todos: «pero si no tienen don de continencia, cásense, pues mejor es casarse que estarse quemando» (1 Corintios 7.9, RVR60).

En cuanto a este tema estamos acostumbrados a la crítica de algunos sectores del ámbito religioso. Sin embargo, creo firmemente que el trabajo de un consejero pastoral responsable es estar conectado a la realidad que vive la sociedad hoy y, sobre todo, al amor por la generación que ha heredado tan difíciles y complicadas circunstancias. La mayoría de ellas a causa del divorcio, el egoísmo, el abandono, la enfermedad, los vicios y la falta de conocimiento. ¿Cómo podemos estar seguros de que un acto de autosatisfacción personal de un cónyuge, bajo ciertas circunstancias, no representa el mejor acto de amor que esa persona pueda realizar a favor de ese matrimonio visitado por la desgracia?

Es necesario, sin embargo, enfatizar que cada persona debe buscar la dirección de Dios en cada una de esas decisiones íntimas. Solo el Espíritu Santo nos puede ayudar cuando la Biblia guarda silencio sobre determinados temas. Estas son «intimidades» en las que Dios estará feliz con que le consultes. Cada mujer, cada persona y cada circunstancia son únicas. Lo que sí te pido es que no condenes ni maldigas tu sexualidad por ninguna razón. Ni permitas que otros lo hagan. No podemos odiar lo que Dios creó ni podemos aborrecer lo que Él ama.

En resumen, cuando uno de los cónyuges está ausente o incapacitado por condición física, enfermedad o vicios, el que está saludable debe hacer lo mejor posible para cuidar y proteger ese matrimonio, libre de tentaciones, libre de ideas y posibles opciones que no vengan de ellos mismos.

No os ha sobrevenido ninguna tentación que no sea humana; pero fiel es Dios, que no os dejará ser tentados más de lo que podéis resistir, sino que dará también juntamente con la tentación la salida, para que podáis soportar. (1 Corintios 10.13, RVR60)

Ninguna mujer cristiana tiene que renunciar al disfrute de la intimidad sexual con su cónyuge. Pero si este no estuviera en condición de cumplir con su responsabilidad, la infidelidad física o mental nunca debe ser la opción. El compromiso es de ambos cónyuges, el uno por el otro y de ambos por la pureza de ese matrimonio. Todo lo que sume a ese fin puro, es bueno. Sin embargo, se requiere honestidad espiritual y disciplina mental.

JUGUETES SEXUALES

«Doctor, soy una mujer cristiana y mi esposo se queja de que nuestra intimidad se ha vuelto aburrida. Él me ha propuesto el uso de juguetes sexuales en nuestra intimidad. ¿Qué opina usted de los afrodisíacos y los juguetes sexuales?»

El mejor afrodisíaco es tu mente. Ponla a trabajar en favor de tu matrimonio, no en contra. Los mejores juguetes sexuales no los encuentras en «Condom World». Dios los incluyó cuando te diseñó y son gratuitos: tus manos, tus labios, tu piel, tus extremidades y todo tu cuerpo. Aunque te cueste trabajo entenderlo, aunque no te imaginabas encontrarlo en un libro escrito por un pastor, es la verdad. Dios nos diseñó con los «juguetes sexuales» que necesitamos. Y en la Biblia, Él mismo se encargó de enseñarte cómo usarlos, por ejemplo:

¡Hazme del todo tuya! ¡Date prisa! ¡Llévame, oh rey, a tu alcoba!
Regocijémonos y deleitémonos juntos, celebraremos tus caricias
más que el vino. (Cantares 1.4, 16–17, NVI)

Si, como pretenden afirmar algunos, la sexualidad no está relacionada con Dios, ¿por qué el Espíritu Santo incluye este libro en la Biblia? Y entonces, si el libro forma parte de nuestra Biblia, ¿por qué no se predica de él en las iglesias? Es que resulta algo incómodo para algunos predicadores tocar el tema de la sexualidad porque se piensa en ella dentro de un contexto negativo.

El apóstol Pablo habla del tema en Gálatas 5.19 (TLA): «Todo el mundo conoce la conducta de los que obedecen a sus malos deseos: No son fieles en el matrimonio, tienen relaciones sexuales prohibidas, muchos vicios y malos pensamientos». Sin embargo, está claro que aquí hace referencia al contexto de los deseos carnales, impuros y no espirituales. Cuando se trata del sexo dentro del matrimonio, con el esposo que Dios te dio, en dignidad y en orden, ese encuentro se constituye en una relación genuinamente espiritual. «Contra tales cosas no hay ley». A eso Dios no se opone. Tienes licencia divina para disfrutarlo a plenitud.

TU DISEÑO DIVINO: ESPIRITUALIDAD Y SEXUALIDAD

Cuando Dios te creó mujer, integró tu sexualidad con tu espiritualidad. Son dos ingredientes de la misma mezcla divina. No trates de separarlos. Precisamente eso es lo que hace el mundo. Separa lo espiritual de lo sexual, y entonces lo que queda es un objeto sexual, para usar, abusar y explotar.

Dios no quiere que caigas en la trampa de separar tu sexualidad de tu espiritualidad. Es ilegal. Eso se aparta del diseño divino. Precisamente por esa interconexión es que Dios utiliza el acto sexual entre el esposo y la esposa para compararlo con la unión de Cristo y la iglesia (Efesios 5.31–33, TLA).

Así como el gozo que experimentan el esposo y la esposa en el clímax del acto sexual, es el gozo que surge en el acto de unión de Cristo con la iglesia. El acto sexual de los esposos es reflejo de nuestra relación con Dios en la adoración. Lo que culmina en el «derramamiento» de los dones del Espíritu Santo. Una referencia clara ocurrió con María al concebir a Jesús. Para más detalles, lee Lucas 1.35–37.

La vida de intimidad espiritual no se opone a una de intimidad sexual en el matrimonio. Al contrario, van de la mano. Toda intimidad espiritual está fundada en una vida relacional, entre Dios y el ser humano. Igualmente, la vida sexual de un matrimonio de éxito siempre dependerá de la relación entre dos cónyuges que se aman.

Nuestro Señor es un Dios apasionado. Su carácter está fundado en la pasión y el amor. Mucho de nuestro lenguaje religioso se relaciona tanto con la intimidad espiritual como con la sexual, pero no nos damos cuenta. Por ejemplo: «Derramaré mi Espíritu sobre toda carne» (Joel 2.28, RVR60); «La gloria que me diste, yo les he dado, para que sean uno» (Juan 17.22, RVR60). Hay transferencia y transmisión genética de Dios a nosotros mediante nuestra intimidad con el Espíritu Santo. Luego, por causa de Cristo, que la recibe en intimidad con el Padre, la pasa a la iglesia por medio de la intimidad con ella.

Ese hombre que duerme a tu lado es un regalo de Dios, ¡disfrútalo! Su cuerpo es un obsequio divino para ti, ¡gózalo! El sexo es un don de Dios para los dos, ¡aprovéchenlo!

Dios quiere que entendamos la belleza, la perfección y la libertad de nuestra sexualidad. Él no espera que seas una mujer pasional en el acto físico y que no muestres interés en el aspecto espiritual de tu relación con Él. Dios no quiere eso, Él desea ambas: tu espiritualidad y tu sexualidad para su gloria, como tu creador y tu diseñador.

Cuando amas a tu esposo estás participando en un acto de adoración a Dios. Cuando llegas al éxtasis en el acto sexual, es un buen momento para dar gracias a Dios por la belleza de la sexualidad sana y pura en el matrimonio. Concédete la oportunidad de integrar tu sexualidad y tu espiritualidad. Ambas te pertenecen.

OTRA HISTORIA DE SEXO EN LA CIUDAD

Una joven acudió a vernos a nuestras oficinas y confesó que en un momento dado había sostenido relaciones sexuales con su novio y cuatro hombres más. También nos dijo que llevaba un tiempo practicando las cinco recomendaciones para superar los temores sobre la sexualidad que presento en mis conferencias y programas, y que recién te presenté en este capítulo.

Hacía poco que se había casado con el novio a quien antes engañaba. Todo en el matrimonio iba «normal». Excepto que se sentía muy avergonzada y triste porque a pesar de que ahora le era fiel a su esposo, no podía actuar bien en la intimidad. Para poder llegar a su éxtasis en el acto sexual, su mente se transportaba a escenas vividas con sus anteriores compañeros de aventura. Nos preguntaba cómo podía ser libre de eso.

Las imágenes de los «pecados sexuales» se van a quedar rondando por nuestra memoria durante algún tiempo. Los eventos más recientes al principio serán breves, luego, dependiendo del ciclo de repetición, se harán más intensos. En la memoria larga esos recuerdos pueden volverse imborrables. Por tanto, la persona debe entrenarse espiritualmente para administrarlos. Un poco más adelante hablaremos de ese entrenamiento.

DIFERENTES TIPOS DE MEMORIA

Los recuerdos operan en diversos tipos de memorias. Los que yacen en la memoria larga o de largo tiempo serán más difíciles de eliminar. Es más fácil lidiar con los recuerdos almacenados en la memoria corta. De ahí que, tras los eventos traumáticos, se recomiende ayuda profesional o pastoral de inmediato, como consejería, orientación, ayuda espiritual o capellanía. La psicología clasifica la memoria en distintos tipos y cada una con sus diferentes fases, a saber: memoria sensorial, memoria corta, memoria larga y memoria episódica. Para efectos de nuestra discusión, hablemos un poco de la memoria corta y la memoria larga.

MEMORIA CORTA

La memoria corta retiene la imagen o percepción de forma consciente. Generalmente es muy limitada. Por ejemplo, trata de describir, sin mirar, la portada y la información que aparece en la portada de este libro.

¿Trataste? Ahora, examina la portada durante medio minuto. Abre el libro y piensa en los detalles. Obviamente, la segunda vez tendrás más detalles que la primera. La razón de eso es que en esta segunda oportunidad vas con una intención consciente de ver los detalles, de «grabarlos». Este principio opera igual en todas nuestras experiencias. Las cosas rutinarias se olvidan rápido. Sin embargo, nuestro cerebro se activa para grabar e intentar perpetuar las que son estimulantes. Las experiencias placenteras se graban en nuestro cerebro y se reviven a discreción. Entonces, esa memoria corta que olvida lo rutinario, se comporta diferente cuando se trata de imágenes y sensaciones que le producen algún tipo de gratificación, en especial las de orden sexual.

Esto es lo que luego se convierte en material «fílmico» de nuestras tentaciones. Por eso es tan importante aprender a dominar esta fase mental de los pensamientos. Esas imágenes vividas o imaginadas aparecerán por días, semanas y meses. Esa actividad sensorial transfiere esas imágenes a la memoria larga. Pasarán los años y permanecerán ahí. Por eso escucho tantas veces comentarios como: «Lo recuerdo como si lo estuviera viviendo ahora mismo». Y entonces, cuando damos espacio en nuestra mente a una memoria «sexualizada», nos cautiva. Nos lleva a «sexualizarlo» todo. Un comentario ingenuo de cualquiera lo interpretamos como sexual. Un gesto, un saludo, una mirada, un roce accidental, de inmediato lo codificamos como sensual o erótico. De ahí la necesidad de gobernar y administrar cada cosa que vemos, que pensamos. Por ello hay que vigilar cada pensamiento al que damos lugar.

Ese material fílmico opera en nuestras neuronas como una película de cine ultrarrápida que fabrica, construye, edita y produce toda una trama en solo cuestión de segundos. El contenido de esa película va a ser una secuencia de imágenes según el nivel de intensidad que le das a ese pensamiento o experiencia. Es a ese tipo de memoria al que más cuidado tenemos que ponerle. Si matamos aquí el pensamiento incorrecto, nunca llegará a la memoria larga. Si huimos en este momento de la tentación, no habrá ni imágenes, ni actos impropios que pasar a la memoria larga. No habrá película ni material tóxico que envenene nuestra mente. De aquí la sabiduría que encontramos en Filipenses 4.8 (TLA): «Finalmente, hermanos, piensen en todo lo que es verdadero, en todo lo que merece respeto, en todo lo que es justo y bueno; piensen en todo lo que se reconoce como una virtud, y en todo lo que es agradable y merece ser alabado».

No olvides que tu memoria se activa la mayor parte del tiempo sin aviso alguno y aquello a lo que le hayamos puesto mayor atención es lo que va a salir primero en nuestros pensamientos... y en pantalla gigante.

MEMORIA LARGA

Esta clase de memoria guarda información de modo permanente y tiene una capacidad prácticamente ilimitada. Aquí se almacena la información que la memoria corta grabó, procesó y repitió. Particularmente si el hecho tuvo algún impacto emocional, sentimental o espiritual en nosotros. Es aquí, por lo tanto, que se registran las memorias de los encuentros sexuales, las prácticas sensuales, románticas o altamente emotivas. Y es a esta memoria a la que tenemos que ministrar para limpiarla y fijarle límites saludables. Es esta memoria episódica la que el Espíritu Santo nos llama a renovar y a transformar en Romanos 12.2 (TLA): «Al contrario, cambien de manera de ser y de pensar».

En honor a la verdad, no podemos dejar nada al azar en nuestra memoria. Todo lo que se registra en nuestra mente debe pasar por el cedazo del Espíritu Santo, con plena conciencia de lo que estamos haciendo. Y todo debemos hacerlo con honradez, determinación, dominio propio y diligencia.

UNA HISTORIA SEXUAL DE PELÍCULA

Conocí a Laura y a Roberto (nombres ficticios) poco tiempo después de iniciar mis consultas de consejería al público en general. Antes de eso, solo las ofrecíamos a miembros de nuestra congregación. Laura y Roberto habían incorporado a su vida matrimonial todo tipo de «ideas» y prácticas sexuales «creativas». Por años, esa «creatividad» le había añadido chispa y diversión a su matrimonio. Pero la noche que llegaron a mi oficina, Laura estaba realmente hastiada de todo. Ella, una atractiva mujer de unos treinta y cinco años, delgada, profesional, madre de un niño, muy bien arreglada, ya no le veía nada de creativo o innovador a los hábitos que se habían convertido en elementos obligados en el acto sexual. Estos incluían pornografía, juegos de dominación, masoquismo, juguetes sexuales, sadismo y casi todo tipo de fantasía.

Ambos habían acudido a verme por la misma causa, pero con diferentes propósitos. Roberto me rogaba que convenciera a su esposa de que no lo abandonara. Él estaba dispuesto a hacer lo que fuera necesario. Laura venía justamente por lo contrario: para que convenciera a Roberto de que la dejara en paz, porque ya no quería tener nada que ver ni con él ni con el matrimonio. Laura estaba realmente enojada, harta de Roberto y de su historia juntos. Y lo confirmó a solo treinta minutos de sesión cuando le gritó al esposo: «¿No te das cuenta? Te odio, te aborrezco, no quiero ni verte, me das asco». No conforme con esa declaración, le gritó en la cara: «Hace un año que soy amante de Reinaldo». Reinaldo era un amigo de ambos.

¿Qué provocó ese desastre? Una contaminación brutal de sexo barato, corrupto y engañoso. Lo que Roberto una vez trajo a su lecho matrimonial para presumir de «esposo moderno» y «creativo» arrastró a su esposa a faltarle el respeto a él y a sí misma, terminando en los brazos de un conocido.

Es de vital importancia que entiendas que toda fantasía sexual, que incluya corrupción, actos antinaturales, pornografía, violencia, insinuaciones de dominación o esclavitud, terminará esclavizando y comprometiendo la estabilidad de la pareja. Esas historias «fantásticas» influirán o traerán otros males. Una fantasía llevará a otra y esta a otra más «excitante». Y esta última, en algún tiempo dejará de serlo y se necesitará una mayor. Pronto, vendrán los terceros. De la fantasía o imaginación, vendrá la realización. Las orgías, sexo en grupo, intercambio de parejas, etc., y como resultado, una mente podrida, una conducta sexual generalizada con quien sea o donde sea. Eso puede llegar al extremo de incluir la obscenidad, la homosexualidad, el abuso de menores y hasta el bestialismo.

La memoria y la imaginación mal alimentadas siempre traerán consecuencias destructivas. El problema es que, a veces, esas fantasías parecen inofensivas y se disfrazan de eventos que parecen «merecer» ser recordados.

Roberto escribió lo siguiente para este libro: «Daría lo que fuera por haber conocido antes sobre la gravedad de mis actos. Nunca imaginé en qué terminarían nuestros excesos». Y su carta nos llegó desde la Turner Guilford Knight, la cárcel del condado Miami-Dade donde cumple una sentencia por tentativa de asesinato contra Laura. Algunos meses después de su visita a nuestro consultorio, Laura logró el divorcio de Roberto. La semana siguiente, Roberto la esperó a las afuera del lugar donde trabajaba y le disparó tres veces. Laura, milagrosamente, resultó ilesa. Roberto fue arrestado mientras trataba de huir del país.

Tanto la memoria como la imaginación tienen que administrarse sanamente. No debes abusar del poder creativo de la mente. Sus consecuencias pueden ser devastadoras. Tienes que ponerle límites a lo que piensas y a lo que imaginas. No puedes permitir que la mente se gobierne por sí misma. Si la dejas viajar en «piloto automático» puede resultar bastante peligroso.

PARA QUE ESTÉS BIEN...

1. **Concéntrate en tu cónyuge**. Mantén tu mente en la persona de tu esposo o esposa, en todo tiempo, y en especial durante el acto sexual. Eso va borrando recuerdos y creando memorias frescas.

2. **Evita las comparaciones**. Cuando haces esto, vas creando una experiencia única en cada encuentro. Simultáneamente, activas tu imaginación de manera que vas añadiendo valor a la experiencia.

3. **No cierres tus ojos**. Cuando comiencen a llegar las imágenes del pasado, de tus aventuras pasadas, mantén tus ojos abiertos, observando a tu cónyuge. Eso evita que tu mente te traicione y produzca una transferencia mental inapropiada que te conecte con sensaciones y rostros ajenos a esa unión conyugal.

4. **Piensa en Dios**. En tu mente, alaba a Dios por el don de la sexualidad.

5. **Piensa en el sexo como asunto de adoración**. Visualiza el acto sexual con tu cónyuge como un acto de adoración a Dios. Celebra que en cada acto sexual con tu pareja estás agradando a Dios.

CAPÍTULO 4

HABLEMOS DE LA SEXUALIDAD MASCULINA

Hay tres cosas que acaparan la atención de un hombre en cualquier parte del mundo: el poder, el dinero y el sexo. Y las tres compiten con Dios por nuestro corazón. El poder para dominar y controlar. El dinero, por razones similares, para adquirir todo lo que nos plazca: dominio, influencia y el acceso a la tercera de ellas —el sexo— en todas las formas imaginables. Sin embargo, de las tres, la más complicada es el sexo.

La identidad, los sentimientos y la actividad sexual del hombre es lo que conocemos como la sexualidad masculina. Y precisamente a esta área de la naturaleza del hombre va dirigida la mayor parte de la publicidad, de la literatura para adultos, la moda, las artes e incluso de la actividad deportiva.

Todos, en general, dirigen sus cañones a la sexualidad masculina. Es como una gran apuesta por apelar a la parte más vulnerable de nuestro diseño. Es como si dijeran: «El que capte la atención de la sexualidad masculina, lo captará por completo». Y hoy es así: el que quiere vender automóviles, contratará a lindas modelos, con cuerpos atractivos y las presentará semidesnudas en el aviso para captar nuestra atención. El que quiere vender casas, hará lo mismo. Quien quiera vender perfumes, artículos de aseo personal, inscripciones de gimnasio, prendas, ropa, zapatos deportivos, dietas o medicinas deberá usar la figura de una hembra sexy para captar su atención. Y la razón es que el sexo, por naturaleza, es el tema de atención principal del macho.

Hollywood, a través del cine, intenta controlar la vida sexual del hombre imponiéndonos modelos de conducta contraria al diseño de Dios. Esta poderosa industria echa mano de actores y actrices, tramas, guiones, acción y un lenguaje particular para captar nuestra atención. Simulan escenas, actos eróticos para provocar o estimular la reacción sexual rápida y sin compromiso. Invierten días de trabajo para producir unos pocos minutos de una actuación fingida que presenta a un «supermacho» con una «superhembra» que no se cansan en una escena de «amor» simulada que lleva como objetivo pervertir el don de la sexualidad que Dios le dio al hombre. Se hace parecer al actor como el «superhombre» al que todos quieren imitar. Y, por supuesto, en esa misma parodia aparece la complaciente superamante fingiendo complacer al hombre en todo lo que éste desea. Juntos hacen creer que ese es el ideal perfecto de lo que debe ser una mujer en la intimidad.

Con tales referencias mentales, el hombre que consume este producto llega a la conclusión de que la esposa que tiene en casa tiene que ser igual a la actriz pagada de la película, de lo contrario, no sirve. Y claro, en la vida real ninguna mujer puede competir con una actriz acrobática, capaz de hacer piruetas editadas por horas, con una figura arreglada, maquillada y trabajada en un gimnasio. Entonces, la esposa del hombre que consume esa actuación pronto se sentirá subestimada, deshonrada y muchas veces, desechada.

Demás está decir que el amor de la «pantalla» no es más que ficción. La sensualidad de los personajes que interpretan en sus películas Angelina

Jolie, Jennifer López, Kim Bassinger, Penélope Cruz, Cameron Díaz, Salma Hajek, para mencionar solo a algunas, es una absoluta mentira. No es real. Te están tomando el pelo. Te están secuestrando la inteligencia echando mano a tus hormonas y deseos sexuales, pervirtiendo así el precioso don de la sexualidad masculina que Dios te regaló.

En la vida real, puedes estar seguro de que todas esas reconocidas actrices también tienen estrías en el cuerpo, marcas de maternidad, imperfecciones y otros pecados, igual que cualquier otra mujer de su edad. Ellas, al igual que la esposita que Dios te dio o que te dará, también tienen días del mes en los que no apetecen tener sexo con sus esposos. No creas esa farsa de las superhembras inagotables que el cine y la televisión tratan de vendernos.

Dios nos creó con una capacidad sexual vigorosa, sana, equilibrada y adecuada para amar a la esposa que tenemos. Cuando nos desenfocamos con los espejismos que el sistema del mundo nos vende, la única energía que nos queda la usamos para criticar, menospreciar y maltratar a nuestra compañera de vida.

NO HAY NADA DE MALO CON LA SEXUALIDAD QUE DIOS NOS DIO

Dios nos hizo hombres con deseos y apetitos sexuales. No hay nada malo con eso. Lo que sí es cierto es que tenemos que hacer buen uso de ellos, entrenarnos bien en la administración de esos deseos y apetitos sexuales. Y, sobre todo, con la mujer correcta, en la medida correcta, en la honra y la expresión de amor correctas. Todo placer que Dios nos ha concedido tenemos que administrarlo con diligencia y prudencia. Por ejemplo, comer es necesario pero además es placentero. No obstante, debemos ser prudentes en la forma que comemos, lo que comemos, donde comemos, el momento y la hora en que comemos. Así sucede con los apetitos sexuales. Debemos ser prudentes con el cómo, dónde, con quién y cuándo satisfacemos esos deseos y apetitos.

No es que seamos «mojigatos puritanos», pero todo tiene su tiempo, forma y ocasión. En su libro *He Motions*, T. D. Jakes dice: «El sexo es natural, es un regalo maravilloso de Dios dado al hombre para compartirlo con su esposa».[1] Sin embargo, lo que hemos hecho es poner «el don maravilloso del sexo» al servicio de los mercaderes del sexo contaminado, en lugar de compartirlo con la esposa que Dios nos concedió.

El sexo es mucho más que la unión de dos cuerpos. El buen sexo ordenado por Dios es la fusión de dos cuerpos en uno, dos seres que dejan de ser dos, para ser uno. Desde el punto de vista masculino, el sexo es la vía en la que el hombre libera sus emociones para expresar amor a su esposa.

El hombre debe aprovechar ese momento no solo para verter de su sustancia en el interior de su esposa. Ese es también el momento óptimo para verter su amor en esa mujer. No solo se derrama semilla (semen) o la sustancia de la esencia del hombre, sino también se debe derramar amor, expresar cariño, protección y seguridad a esa esposa. Esto es cierto en todo momento, pero cobra un significado especial en ese tiempo de intimidad exclusivo de los dos. El acto sexual es el momento cumbre para convencer de amores a tu amante esposa. Es el momento para culminar todo un día (o días) de cortejo y seducción con tu esposa.

ANTES, DURANTE Y DESPUÉS DE...

Hombre, haces bien en aprender a sentir y a expresar que además de tu fuerza y virilidad, eres capaz de dar amor. Antes, durante y después del acto, debes esforzarte en ello. Hay que amar después de amar. No seas amoroso, galán y cariñoso solo en el proceso de la seducción. A ellas les gusta sentirse amadas aun después. Que las caricias no acaben después del éxtasis. No abandones la cama ni te voltees a dormir después que descargues tus urgencias. El abrazo, el roce y las palabras tiernas después del clímax, serán gestos muy bien recibidos y valorados por tu esposita. Y, por último, nunca termines ese acto sexual sin asegurarte que tu cónyuge ha logrado su satisfacción sexual y sus expectativas con ese encuentro en particular. Cualquier cosa que no cumpla con estos detalles es una falsa intimidad o, por lo menos, está incompleta.

Para que haya una intimidad que esté en orden con el diseño divino debe haber entrega, acuerdo, amor, ternura y pasión. Cada una de estas características se decide, se ejerce y se provoca. El sexo es un don que viene de Dios; sin embargo, todo lo demás —antes, durante y después de—, nos toca crearlo a los cónyuges.

SEXO EXTRA

Según estudios recientes, muchos hombres buscan sexo afuera no porque no lo tengan en casa. La mayoría de los casados con amantes tiene sexo con la esposa y con la amante. Buscan sexo extra porque les aburre la vida sexual que tienen en casa. No obstante, lo que ellos jamás admitirán es que la calidad de la vida sexual con sus esposas —buena, mala o regular— en la mayoría de los casos, ha sido construida por ellos. No hay mujeres frías en la cama, lo que hay son maridos perezosos, faltos de creatividad y decisión.

Me parece que al día de hoy he escuchado casi todas las acusaciones por parte de esposos contra sus esposas: «Ella no responde en la cama», «Es que ella no sabe complacerme», «Es que siempre está cansada o le duele la cabeza». En algunos casos, esas acusaciones pudieran tener algo de verdad. Sin embargo, cuando entrevistamos a las esposas, casi siempre se trata de una esposa a quien su marido no le da cariño o no es atendida en sus necesidades más básicas. Se trata de maridos que durante todo el día maltratan de palabras a la esposa y luego en la noche quieren que ella responda como la gran amante del cine o la televisión. Ellos quieren a la esposa de *Endless Love*, pero se comportan como el marido de *Sleeping with the Enemy*. La primera es una película clásica de «amor eterno», mientras que la segunda es la historia de un esposo que maltrata y abusa compulsivamente.

El ideal de Dios es que seamos esposos amantes en la cama y fuera de ella. En la noche, aunque también durante el día. En la casa y en la oficina. En la iglesia y también en la reunión con los amigos.

EL CASADO, EL CAZADOR Y EL CAZADO

Muchos hombres abandonan sus atenciones y detalles con sus esposas para buscar sensaciones excitantes que satisfagan su ego. Otros lo hacen para probarse a sí mismos y a los demás que todavía pueden conquistar. En la llamada «crisis de la mediana edad» algunos buscan jovencitas para afirmar su hombría y su identidad de conquistadores. No son pocos los que terminan «hechizados» por esas jovencitas (o amantes de cualquier edad) y acaban «enfermos de amor». Sufren de celos y temen el ridículo público por sus inseguridades, al quedar perdidamente «enamorados» de una mujer que saben que solo los «quiere» por su dinero, poder o estatus.

UNA HISTORIA SIEMPRE AYUDA

Tuve el caso de un Don Juan cincuentón, en realidad, ¡casi sesentón! Abandonó a su esposa de toda la vida por una jovencita de curvas marcadas, tan joven que podía ser su nieta. Juntos se dieron «la buena vida»: parranda, cocteles, vida nocturna, restaurantes de lujo, autos, viajes, carteras, ropa de diseñador y todo lo demás. El Don Juan, con pelo pintado —para esconder las canas y disimular las seis décadas— con cirugía incluida, vivía para impresionar a su joven amante. Manejaba un Mercedes Benz rojo, deportivo y último modelo.

Su joven «compañera» usaba el dinero de él para montar su propio negocio. La chica comenzó a crear fama propia y empezaron los «viajes de negocio» como despampanante empresaria. Y a muchos de esos viajes el Don Juan conquistador no podía acompañarla. Casi al mismo tiempo, a la «señorita Plástica» se le comenzó a ver en eventos con colegas empresarios de su edad y mayorcitos también.

La nueva empresaria se iba abriendo paso cada vez más independiente del «viejo ricachón» que financiaba sus fantasías. Pronto, comenzaron las escenas de celos, peleas, agresiones y las locuras típicas del amante burlado. Hubo desde detectives bajo contrato para perseguir a la señorita amante, hasta vigilias de toda la noche del viejo «remozado», a las afueras del edificio donde tenía viviendo a su joven amante. A menudo rabioso de celos, el Don Juan increpaba a la señorita amante. En respuesta, ella le mendigaba algunos favores sexuales y el viejito lujurioso quedaba rendido hasta el próximo día.

Una madrugada, la policía marítima de Miami encontró el Mercedes Benz rojo en la bahía de Key Biscayne. El viejito «gozador», cegado por los celos, se lanzó con su lujoso auto desde uno de los puentes más altos de la ciudad. A su esposa de toda la vida le tocó identificar el cadáver de su marido infiel, junto con sus dos hijas avergonzadas por la aventura amorosa de su padre.

¡Ah! ¿Y qué de la señorita amante? Dicen que recientemente la vieron en compañía de un «viejo amigo» —o un amigo viejo—, muy parecido al lujurioso abuelo del Mercedes rojo. Detrás de este quizás venga otro y otro hombre. Todos casados, hombres dispuestos a hacerse los muy listos buscando sexo extra.

LAS AVENTURAS TIPO «SEXO EN LA CIUDAD»

Las aventuras amorosas son una diversión fácil; costosa, pero fácil. Una noche de pasión clandestina en un hotel cualquiera es muy fácil. Las consecuencias, no tanto. Esas pueden llegar a durar toda una vida.

Primero, nadie debe esperar que Dios premie o bendiga algo que se ha construido a fuerza de engaño, mentira y en contra de su idea. Segundo, Dios no va a consentir la traición de nadie a personas inocentes, como tu esposa y tus hijos. Tercero, Dios no va a ser partícipe del abuso al don más bello que Él mismo entregó a los hombres: su sexualidad y su espiritualidad.

La sexualidad masculina contiene la espiritualidad de Dios. Cuando alquilamos, prestamos o regalamos nuestra sexualidad a una mujer que no es nuestra esposa, estamos entregando también nuestra espiritualidad. Y en la espiritualidad del hombre, viaja la pureza y la semejanza con Dios. La sexualidad y la espiritualidad no pueden dividirse. Cuando se compromete la sexualidad en un acto de impureza o infidelidad sexual, se implica también la fidelidad espiritual a Dios. Cuando participamos en un acto de inmoralidad sexual, automáticamente se constituye un delito de inmoralidad espiritual. Por eso, en la Biblia, Dios intercambia los conceptos de infidelidad e idolatría como sinónimos para describir o señalar los pecados de su pueblo.

> Pero tú, pueblo de Israel, me has sido infiel
> como una mujer infiel a su esposo, afirma el Señor.
> (Jeremías 3.20, NVI)

¿En qué consiste el pecado de infidelidad? Consiste, sobre todo, en idolatría. Para Dios, cuando los israelitas recurrieron a los ídolos, cometieron adulterio. Dios intercambia los términos idolatría y adulterio.

Por lo tanto, cuando el individuo comete adulterio, también está cometiendo idolatría porque compromete la espiritualidad de Dios en él.

Por tanto, hagan morir todo lo que es propio de la naturaleza terrenal: inmoralidad sexual, impureza, bajas pasiones, malos deseos y avaricia, la cual es idolatría. (Colosenses 3.5, NVI)

PUREZA SEXUAL

A menudo, hacemos uso de la jerga que escuchamos y la repetimos. Sin embargo, pocas veces nos detenemos a ver qué significa realmente. Mientras buscaba una definición práctica y sencilla del concepto «pureza sexual», me topé con una definición de Stephen Arterburn y Fred Stoeker que me pareció perfecta: «La pureza sexual se logra cuando tu gratificación sexual no viene de nada o de nadie más que no sea tu esposa».[2]

Esta definición me parece tan sencilla como brillante y exacta. Toda gratificación sexual que venga de un objeto o una persona que no sea tu esposa, puede catalogarse como impura. Con esto lo que quiero es animarte a que te alejes lo más posible de actividades, prácticas o hábitos que debiliten tu carácter y los valores que Dios espera de nosotros.

Soy pastor de varios médicos en nuestra congregación. Admiro mucho la tarea de estos hombres y mujeres. Con frecuencia converso con ellos sobre temas académicos y prácticos. Todos coinciden en que la carrera del estudiante de medicina puede llegar a ser monótona, rutinaria, agotadora y, muchas veces, dolorosa. No obstante, también coinciden en que todo eso queda recompensado cuando ven los resultados al salvar alguna vida: niños sonriendo, padres felices porque su hija recuperó la salud gracias a la intervención de un buen médico. Me dicen que estudiar medicina conlleva muchos sacrificios pero que vale la pena el esfuerzo.

¿Y sabes algo? La vida de un hombre honrado, de un esposo que se guarda para su esposa y su familia es como la del estudiante de medicina. Este hombre se dedica a su «carrera» y deja de lado muchas tentaciones con el propósito de alcanzar su meta, que es la de mantenerse enfocado en ser un buen esposo. Tiene que decir «no» a muchas cosas. Es posible que su vida de casado pueda ser en ocasiones monótona, rutinaria, agotadora y hasta dolorosa. Sin embargo, cuando ve a sus niños sonriendo alrededor de la mesa, a una mujer disfrutando la vida con su familia, a unos hijos salvados de las estadísticas de los males sociales, entonces dice: «Valió la pena el esfuerzo, valió la pena pelear por mi pureza sexual, la fidelidad a mi esposa y a mi hogar». ¿Te animas a continuar —o a comenzar— esa carrera?

LA CONTAMINACIÓN SEXUAL QUEMA MUCHO

Para que este capítulo tenga relevancia para ti, tengo que ser directo e ir sin rodeos.

Todo desliz sexual se origina en nuestra mente. Y su efecto comienza a producir calor casi de inmediato. El pensamiento, la idea, la fantasía, el plan, los detalles, los temas y las conversaciones con la persona siguen aumentando la temperatura. El termómetro de la testosterona del hombre sigue subiendo con cada mirada, llamada, correo electrónico o mensaje de texto. Y si es en «clave», más aun pues lo prohibido siempre es un combustible acelerador.

Esto quizás lo puedo ilustrar mejor con el ejemplo de una quemadura. Cuando una persona sufre una severa quemadura en la piel, el incidente normalmente toma solo unos instantes. Sin embargo, en esas milésimas de segundo, tan pronto la piel entra en contacto con el fuego o con el calor, queda destruida en esa área. En términos generales, el episodio o accidente ya terminó. Pero el daño o las consecuencias de la «quemazón», están muy lejos de terminar. Tengo un amigo que tuvo quemaduras de tercer grado en un accidente de auto, en casi el noventa por ciento de su cuerpo. Ya ha pasado bastante tiempo de eso, sin embargo, todavía dice que aquel accidente y las quemaduras sufridas le han afectado toda su vida.

De igual forma ocurre con la contaminación sexual, en cualquiera de sus formas. Ya sea por infidelidad con terceras personas, o por pornografía, voyeurismo, bestialismo, pedofilia, etc., la persona ha sufrido un accidente y se ha quemado con el fuego de la infidelidad. Puede que el incidente en sí haya ocurrido en un momento breve: «Fue solo una vez», «Estaba tomado», «No sé qué me pasó», «Cuando vine a darme cuenta...» Es posible que el incidente haya comenzado y terminado en muy poco tiempo. Sin embargo, esa persona quedó dañada y con cicatrices para toda la vida.

Si has pasado por eso, es muy probable que estés viviendo con la piel quemada. No obstante, lo peor ocurre por dentro, en el interior, donde no se ve. Debajo de las cicatrices queda un daño emocional —un desfiguramiento espiritual— que solo lo puedes tratar con Dios. Si lo dejas sin tratar, entonces te desfigura, llega un momento que te vuelves insensible, porque te has quemado tanto que ya ni te duele. Perdiste la sensibilidad. Y te aseguro que no quieres llegar a ese punto.

En términos médicos, cuando hay una quemadura severa, las neuronas sensoriales conducen el mensaje de la piel al cerebro y a la médula espinal de que hubo un accidente, para que se produzca la gestión de defensa que sea necesaria. Cuando el daño es extremo esas neuronas pueden perder su función. Quedan insensibles. Una característica interesante de estas neuronas sensoriales es la escasa posibilidad de renovación que tienen cuando esta se pierde por alguna razón.

Una persona que se «quema» con la contaminación sexual, sin saberlo, puede sufrir quemaduras tan severas que le produzcan la muerte espiritual. Y lo peor es que a veces ni se entera pues se está cocinando «a fuego lento». Ese fuego lo va desfigurando más y más, y no se da cuenta. Te desfigura social, emocional, física y espiritualmente. Y como tus neuronas espirituales fueron destruidas en una de esas fogatas de pasiones desordenadas, mueres calcinado sin apenas darte cuenta.

Mi amigo —y amiga—, el que juega con fuego, se quema. No hay de otra. Sin embargo, en este tipo de fuego lo peor es que nunca te quemas solo. Siempre caen en el incendio víctimas inocentes. Sufren quemaduras los niños, las niñas, los cónyuges, los hijos, los nietos, las familias, las empresas, los ministerios. Y aun después de apagado el fuego, todo a su alrededor queda con olor a humo. ¿De verdad crees que valga la pena arriesgarte tanto y a tanta gente querida solo por un desliz?

Pero si no pueden dominar sus deseos sexuales, es mejor que se casen. Como dice el dicho: «Vale más casarse que **quemarse**» *(1 Corintios 7.9, TLA, énfasis del autor).*

Todos deben considerar el matrimonio como algo muy valioso. El esposo y la esposa deben ser fieles el uno al otro, porque Dios castigará a los que tengan relaciones sexuales prohibidas y sean infieles en el matrimonio (Hebreos 13.4, TLA).

CAPÍTULO 5

HABLEMOS DE LA MASTURBACIÓN

Como te comenté al inicio del libro, es mi propósito y oración que esta experiencia de lectura provoque cambios positivos en tu vida. Y es por eso que no puedo tratar de un modo superficial un tema tan íntimo como este. Me propongo ser lo más preciso posible para que así puedas usar eficazmente la información presentada.

La masturbación es la actividad sexual más practicada por hombres y mujeres, también es de la que menos se habla. La mayoría de la gente nunca hablará de ella por lo difícil, controversial y «vergonzoso» que resulta discutir el tema. Por lo general, cuando se escribe algo sobre la masturbación, desde el punto de vista cristiano, nos quedamos estancados en la misma explicación trillada de «condenación» y «generalización», y con muy poca ayuda práctica. Por eso me parece necesario pasar de lo genérico a lo específico.

Por lo general, la masturbación es síntoma de una necesidad más profunda. Las causas para practicarla pueden ir desde las hormonas, la carga excesiva de semen (en el caso del hombre), depresión, miedos y episodios traumáticos, hasta factores adictivos como pornografía, pedofilia, fobias y angustias mentales; incluyendo la demencia y los conflictos morales y religiosos.

Cualquiera que sea tu caso, te reitero que la masturbación nunca es la causa, es un síntoma. También debes saber tres cosas básicas. Primero, Dios te ama muchísimo. Segundo, ninguna situación que puedas estar viviendo, incluyendo esta, cambia el amor de Dios por ti. Tercero, Dios es quien mejor conoce tu sexualidad pues fue Él quien la diseñó.

Cuando un líder religioso le dice a alguien: «Masturbarte es pecado» y cuando un psicólogo o terapeuta le dice: «Masturbarte es bueno», ambos están siendo simplistas y poco considerados con la persona que les consulta. Ninguna de esas respuestas va a producir un cambio duradero en ese cliente, paciente o feligrés. Con toda probabilidad, lo que provoca es más tensión y conflicto en unos, y más indiferencia en los otros. Un tema tan íntimo, que produce tanta ansiedad y controversia como este, debe tratarse con tanto respeto, seriedad y ética pastoral como sea posible.

La idea de que la masturbación es un problema «de adolescentes» hace mucho tiempo que quedó desvirtuada. Decir que es un asunto solo «de hombres», también ha quedado desmentido por los registros de los terapistas matrimoniales, psicólogos, consejeros, pastores, sacerdotes y orientadores familiares. Por eso, tenemos la obligación histórica de tratar el tema de la masturbación como lo que es: una experiencia que viven hombres y mujeres, de todas las edades, en todas las culturas y en todas las religiones.

UN FENÓMENO COMPLEJO

La masturbación es un fenómeno muy complejo. Por ello es necesario que el enfoque pastoral y profesional se concentre más en las causas que en los síntomas. No debe centrarse en atacar a la persona. Y si bien es cierto que muchos profesionales concuerdan en que la masturbación puede ser un desequilibrio sexual, también existen muchos factores a considerar dentro de este concepto.

Es imperativo que no tratemos esta conducta con generalizaciones. Para entender por qué una persona está oprimida por ese hábito, tenemos que conocer algo de su historia. Muchas veces es la soledad lo que lleva al individuo al aislamiento, a la fantasía y a la masturbación. Y, por lo general, la soledad está relacionada con sentimientos de odio, complejos, inseguridades, rencores contra sí mismo y contra otros. También ocurre que cuando el entorno de ese «paciente» es cruel y prohibitivo, este se refugia en la fantasía, y cuando emplea mucho tiempo en un mundo de fantasía, termina esclavizado.

La conducta masturbadora con frecuencia se vuelve compulsiva y descontrolada. La persona muchas veces intenta dejarla, pero no puede. En esos casos de masturbación compulsiva recomendamos buscar ayuda en grupos de apoyo serios y responsables. En nuestro ministerio tenemos testimonios de personas que han logrado deshacerse de esa adicción. Como es el caso de esta dama, a la que llamaré Sonia. Ella es una mujer de treinta y siete que compartió con nosotros su testimonio.

Cuando llegué al grupo L.I.F.E. en el Auditorio de la Fe, me masturbaba un promedio de tres veces al día. Me asignaron a una consejera que había podido liberarse del mismo hábito. Le conté mi historia. Ella, como una mujer que había vivido lo mismo que yo, me ayudó a descubrir las causas de mi obsesión con la masturbación. Luego de varias sesiones de ayuda con mi mentora, descubrimos que mi compulsión era reflejo de mi obsesión con mi ex pareja. Él me había abandonado por una nueva amante y yo no podía aceptar lo que estaba ocurriendo. Estaba recurriendo a la masturbación como un medio de escape a mi coraje y frustración. Creo que también lo hacía para huir de mi soledad y para

evitar el salir corriendo a buscarlo, como antes lo hacía. El grupo
L.I.F.E. me enseñó a valorarme y me reentrenó en el proceso de
socializar con otras personas en un ambiente sano. En medio
de esas reuniones, también tomé la decisión de dar mi vida a
Jesucristo. Y hoy puedo decir que soy una nueva persona. Perdoné
a mi ex, perdoné mi pasado y me perdoné a mí misma. Hoy me
siento totalmente libre. Me siento una mujer digna y completa.

Por lo general, como en el caso de Sonia, la persona no entiende su situación a cabalidad. Por eso, necesita consejería práctica y dirección espiritual. En otros casos, sin embargo, el hábito de la masturbación es temporal y circunstancial. Hay casos en que la tendencia a masturbarse desaparece según la persona va cambiando de ambiente, amistades, va entrando en edad o va renovando su mente. Y esta es la clave: ¡renovar la mente! Cuando cambiamos nuestros pensamientos, fantasías, imágenes, lenguaje sexualizado, actitudes y relaciones, los hábitos también cambian.

Podría incluir aquí muchos ejemplos en los que la masturbación es síntoma de fuerzas relacionadas con el estilo de vida del individuo. Pero quiero usar el espacio para soluciones en lugar de descripciones. Sin embargo, algunos ejemplos obvios son: la vida en la cárcel, el fenómeno del secuestro, la vida de los religiosos en los conventos y el mismo celibato.

Y hablando de la vida religiosa, los conventos y el celibato, debo mencionar en honor a la verdad, que la Iglesia Católica lleva siglos tratando el tema de la masturbación entre el clero y los feligreses. Toneladas de documentos, artículos y estudios para consumo «interno» han sido escritos por sacerdotes, teólogos y algunos de sus obispos. Hablando sobre los seminaristas católicos, John Harvey —uno de sus más brillantes teólogos y directores espirituales contemporáneos—, escribe:

Si, por un lado, notamos que una persona durante un período
de tiempo, ha mostrado una notable mejoría, superando las

tentaciones de la masturbación, deberíamos animarlo a seguir intentándolo. Al decir «mejoría» incluyo más que el simple evitar masturbarse. Me refiero a un cambio de actitud hacia la propia sexualidad, una aceptación de la propia naturaleza corporal, y la integración de los deseos sexuales en la percepción de su papel en el sacerdocio o en la vida religiosa. Si, por otro lado, percibimos que, a pesar de darle asesoramiento psicológico, el esfuerzo de una persona por superar la práctica de la masturbación no lleva a ningún progreso, parece que deberíamos aconsejarle que deje la vida religiosa o el seminario. La falta de progreso constituye un buen fundamento para dudar de la vocación religiosa de esa persona, tal duda debe resolverse a favor de la iglesia con el alejamiento de esa persona.[1]

¿CON QUÉ ESTAMOS TRATANDO?

Podría presentarte una vasta lista de citas bíblicas que nos pueden ayudar a fijar la instrucción de Dios sobre los asuntos sexuales. Sin embargo, me parece que primero debemos entender con qué estamos tratando. Es necesario que entendamos que millones de hombres y mujeres que aman a Dios sufren en silencio debido a la poca información que se discute sobre el tema y por la condenación precipitada que se lanza contra aquellos que se atreven a confesar que no saben cómo lidiar con esta práctica.

UNA CONSULTA

Los correos electrónicos, las cartas o las llamadas que recibimos en nuestro ministerio con preguntas sobre la masturbación casi siempre llegan de forma anónima. El cómo preguntan puede variar, pero la esencia es la misma. Y la pregunta real, por lo general, se hace al final. Escogí este correo por la manera legítima y valiente en que fue redactado:

> *Tengo treinta y cinco años. Me divorcié después de varios años de matrimonio. Como es natural, tuve una vida sexual activa dentro de esa relación. Ahora, como una persona divorciada y cristiana, tengo grandes luchas con mis necesidades sexuales. ¿Es pecado la masturbación?*

Esta persona, como muchas otras, trae este tema con preocupación y seriedad. Soltarle una buena dosis de Biblia puede ser la respuesta más fácil. Pero si antes de hacerlo podemos ayudarle a identificar cuál es la causa de esas urgencias físicas, entonces la persona podrá lidiar de forma efectiva y práctica con su situación.

Nuestro equipo ministerial «Para que estés bien» se compone de médicos, psiquiatras, psicólogos, trabajadores sociales, pediatras y médicos de familia. Uno de nuestros galenos más experimentado es el doctor Jay Torres, entrevistado en exclusiva para este libro. Quiero compartir contigo, desde la sabia perspectiva médica presentada por él, datos muy prácticos sobre la masturbación. Veamos:

EN LOS HOMBRES...

«El noventa y siete por ciento de todos los hombres ha practicado esta maniobra con el fin de sentir los placeres que la misma provee y, a la vez, mantener la función fisiológica normal del sistema genitourinario, tal como pauta su cuidadoso diseño. Todo sistema que no se usa tiende a atrofiarse, este no queda fuera de esa teoría.

»Un hombre joven puede estar sin masturbarse por un largo tiempo, pero al cabo de varias semanas, el mismo subconsciente y el exceso de hormonas que a diario se va produciendo, provocan una explosión durante la fase de sueño Rem II, y se da lo que se llama "eyaculación espontánea" durante la madrugada. Dicha explosión puede que no esté conectada con un sueño erótico. Es una descarga natural del cuerpo con el fin de dar entrada a los espermatozoides jóvenes que están listos para pasar de los testículos —lugar donde se producen los mismos— a la próstata, donde se mezclan con el semen para luego ser expulsados a través de la uretra masculina.

»Muchos hombres, aun casados, practican la masturbación por varias razones, a saber: (1) para disminuir la eyaculación precoz (disfunción sexual masculina más común); (2) por la indisposición del cónyuge; (3) para evitar tentaciones cuando están lejos de sus parejas; y (4) para evitar el embarazo y otros casos menos comunes».

EN LOS HOMBRES Y EN LAS MUJERES...

«La mayoría de los hombres, y una gran cantidad de mujeres bien equilibradas, tienden a practicar este método de satisfacción durante la pubertad como un índice de virilidad o erotismo (ambos producidos por las hormonas sexuales). Cuando se convierte en obsesión, la práctica termina siendo nociva, tanto física como emocionalmente».

EN LOS JÓVENES...

«Se debe tener mucho cuidado con la forma en que se trata este tema con los adolescentes. Aquí están en juego varios factores que más que producir un bien "religioso" al joven, hacen que se les enfoque una teoría que puede producir varios efectos a nivel sicosomático. Quizás tan traumático o más que seguir masturbándose es que menos de un tres por ciento de los adolescentes va a dejar la masturbación por razones religiosas. Hay que entender que ellos están produciendo otras hormonas que no deben estar presentes durante una relación sexual y de ahí se van afectando ambos sistemas.

»Si un individuo deja de eyacular por mucho tiempo, al cabo de unos tres o cuatro meses, va disminuyendo su deseo sexual. Desde el punto de vista religioso esto puede ser lo ideal. Sin embargo, desde el punto de vista médico se trata de una disminución en el nivel hormonal por la retención de espermatozoides no expulsados. El "espermatogénesis" del hombre, como le llamo, se renueva cada noventa a ciento veinte días, por eso es que puede fecundar hasta pasados los ochenta años».

SOBRE LAS MUJERES...

«La mujer, tenga o no marido, practique o no la masturbación, no sufre cambios en su ovulación ni en el proceso de madurez de sus óvulos en cada ciclo. Ella sencillamente ovulará y menstruará según su ciclo particular, independientemente de su actividad sexual. En contraste, sí puede haber cambios en su apetito sexual, pero sus óvulos estarán vivos y presentes desde su vida fetal, por lo que mueren todos después que dejan de producir estrógeno en la menopausia. Solo el sesenta y cinco por ciento de las mujeres ha experimentado con la masturbación en alguna época de su vida».

LA MASTURBACIÓN ES UN SÍNTOMA

Luego de explorar un poco más las razones anatómicas y fisiológicas que producen el apetito sexual, es necesaria la precisión bíblica y una respuesta pastoral directa. Otra vez, la masturbación es un síntoma que puede tener diferentes causas. Y como «la fiebre no está en la sábana», cuando recibimos a un «cliente» preocupado por este hábito, no reaccionamos contra la persona, ni contra la conducta, más bien nos dedicamos a descubrir las causas para así explorar las posibles soluciones.

EL PRINCIPIO DE TODO

En Proverbios 4.23 (TLA), Salomón nos dice: «Y sobre todas las cosas, cuida tu mente, porque ella es la fuente de la vida». A mis amigos consejeros, pastores y sacerdotes siempre les recomiendo ser un poco más diligentes sobre este tema y buscar el principio de todo: los factores causales.

LA MENTE Y SUS DIÁLOGOS INTERNOS

En tu mente y en la mía radican todas nuestras causas. Si examinamos los pensamientos que se producen en nuestras mentes, entonces podremos corregirlos. Una mente bajo sujeción no será víctima fácil de ninguna adicción. Y claro, esto suena fácil, pero en la práctica no siempre lo es.

Para aclarar lo que sucede en tu mente con respecto a la conducta sexual, es necesario examinar un poco su funcionamiento. La mente opera en diálogos e imágenes. Por lo general, los deseos y apetitos se presentan de igual manera.

Por ejemplo, tomemos el hambre. Tu cerebro le avisa a tu estómago que está vacío. Tu mente comienza a repasar las imágenes de los posibles platos o menús para comer. Si no hay comida en casa, irás a un restaurante con un menú establecido o con uno «a la carta». Y entonces surgen los diálogos internos: «Ay, me comería esto o aquello, pero ya...» Si la urgencia es mucha, terminarás corriendo al restaurante de comida rápida más cercano, seguramente atraído por la imagen del comercial de hamburguesa grande, jugosa y a la parrilla. Allí comerás, a tu antojo, la comida chatarra seleccionada. En ese momento te sabe «a gloria», pero si lo conviertes en un hábito, sufrirás consecuencias en tu salud (sobrepeso, cansancio, problemas digestivos, etc.).

¿Tienes el cuadro mental? Pues lo mismo ocurre con los apetitos sexuales. El cerebro avisa en lo referente a una necesidad sexual acumulada, «hambre sexual». Tu mente comienza a repasar o a «revivir» las sensaciones o experiencias vividas, o a imaginar cómo serían. Aquí comienzan los diálogos internos: «¿Qué tal si resuelvo con esto o aquello?» «¡Ah! ¿Y qué tal con esta persona o aquella?» Entonces, si no hay «comida en casa», irás a un restaurant con un extenso y llamativo menú sexual. Llámale Internet, videos pornográficos, o sencillamente el archivo de imágenes grabadas en tu mente. La mente, entonces, echa mano de la «memoria corta», «memoria larga» o «memoria episódica» que antes discutimos. Y aquí comienza el peligro real.

La memoria te permite recordar experiencias pasadas y puede dar paso a un ciclo de auto seducción, pasión, tentación y fantasía sexual y, a partir de ahí, llegar al pecado. Y no olvides, el pecado interrumpe la comunión de esa mente con la de Dios, tal como se describe en Santiago 1.13–15 (RVR60):

> Cuando alguno es tentado, no diga que es tentado de parte de Dios; porque Dios no puede ser tentado por el mal, ni él tienta a nadie; sino que cada uno es tentado, cuando de su propia concupiscencia es atraído y seducido. Entonces la concupiscencia, después que ha concebido, da a luz el pecado; y el pecado, siendo consumado, da a luz la muerte.

En este pasaje, «muerte» se refiere a separación, desconexión. Hay una desconexión instantánea porque Dios jamás participará contigo de una fantasía mental impura o inapropiada al reproducir una imagen o experiencia ilegítima.

JESÚS RESPONDE ALGUNAS PREGUNTAS

¿Cuándo comienza la masturbación? ¿Cuándo se dan los elementos que constituyen el acto de la masturbación? ¿Cuando comienza la manipulación de los órganos genitales o cuando empieza la idea? Veamos las respuestas de Jesús a estas preguntas.

> *Moisés también dijo: «No sean infieles en su matrimonio». Pero ahora yo les aseguro que si un hombre mira a otra mujer y* **desea** *tener relaciones sexuales con ella,* **ya fue infiel en su corazón***».* *(Mateo 5:27–28, TLA, énfasis del autor)*

Entonces, tanto la masturbación como la infidelidad comienzan en la mente. No sé si Pablo entendió la profundidad y la trascendencia de lo que el Espíritu Santo le estaba dictando cuando escribió en Romanos 12.2: «Transformaos por medio de la renovación de vuestro entendimiento» que parafraseado indica que la transformación de las personas viene cuando se mantiene una disciplina de revisión y limpieza de la mente. Eso agrada a Dios y te perfecciona. «...para que comprobéis cuál sea la buena voluntad de Dios, agradable y perfecta».

MASTURBACIÓN POR SOLTERÍA

Si no tienes cónyuge es primordial que aprendas a entender muy bien tu cuerpo y tu sistema hormonal. Debes conocer cómo opera tu mente y entrenarte para administrarla con efectividad, para que ella no te administre a ti. Esto es válido para dominar los apetitos sexuales y para todas las demás experiencias en la vida.

Hombre soltero, diariamente se produce una carga de espermatozoides y semen en tu próstata. Esto puede resultar desde una fuerte urgencia sexual, incomodidad, hipersensibilidad, excitación o todas las anteriores.

Mujer soltera, la falta de actividad sexual por la ausencia de marido, sumado a los cambios hormonales que se producen durante tu ciclo menstrual y la ovulación son las causas naturales de tus deseos sexuales en momentos dados. Esto es especialmente cierto en algunos días cerca de tu ovulación.

¿Qué hacer entonces? ¡Entrena tu mente! No te condenes ni te frustre cuando falles. Recuerda que Dios te ama y eso nada ni nadie lo cambia. Pídele al Espíritu Santo que te ayude en tu gestión por dominar tus apetitos sexuales naturales. Guárdate para Dios y para esa persona que tiene reservada para ti. Cuando fallas, Él se acuerda de que somos polvo. Sin embargo, te aseguro que según te vayas entrenando, mejor te irá.

MASTURBACIÓN POR NEGLIGENCIA CONYUGAL

Mujeres y hombres casados: No debe haber ninguna razón para que estas causas se estén dando en ustedes. Si estás casado o casada y tu cónyuge no tiene ningún impedimento físico, y estás experimentando estas urgencias, necesitas conversar con tu cónyuge y pedir ayuda urgentemente.

Si tu cónyuge está presente física y mentalmente, y aun así tienes que recurrir a la masturbación, algo anda mal en esa relación y debe ser tratado. Algo no está marchando bien cuando las personas casadas tienen que recurrir a la estimulación sexual solitaria para poder satisfacer sus apetitos sexuales. Repito: si las relaciones sexuales ocurren de forma regular, pero aun así necesitas masturbarte, es necesario que converses con un profesional serio y responsable.

¿CUÁNDO ES MASTURBACIÓN? ¿CUÁNDO SON CARICIAS?

Ahora bien, es importante que entiendas que para que se den las condiciones del concepto masturbación debe haber manipulación sexual (o mental) en solitario o sin ninguna participación del cónyuge. Cuando la experiencia de estímulo sexual se practica en pareja, entonces estamos hablando de caricias y seducción válidas entre esposos.

En Cantar de los Cantares, la Biblia nos ofrece muchas evidencias de que estas prácticas de seducción son legítimas cuando se dan dentro del marco del matrimonio. Veamos algunas.

Mi amado metió la mano
por un hoyo de la puerta;
¡todo mi ser se estremeció!
Salté de la cama
para abrirle a mi amado;
¡por las manos y los dedos
me corrían gotas de perfume,
y caían sobre la aldaba! (Cantares 5.4–5, TLA)

¡Pon tu brazo izquierdo bajo mi cabeza!
¡Con tu brazo derecho
aprieta tu cuerpo contra el mío! (Cantares 8.3, TLA)

SEXO POR TELÉFONO ENTRE CÓNYUGES

Con esto de los adelantos tecnológicos, no cabe duda de que hoy las consejerías familiares son un tanto más sofisticadas.

Maritza (nombre ficticio), es una joven abogada en una firma legal de Fort Lauderdale, Florida. Su esposo, Héctor (nombre cambiado para proteger su identidad), es entrenador de tropas especiales de las Fuerzas Armadas de Estados Unidos y pertenece a una unidad de reserva del ejército. Su profesión exige que viaje durante varias temporadas al año para ofrecer entrenamiento en diferentes partes del mundo. A sus treinta años, tanto Maritza como Héctor están en la plenitud de su sexualidad. Ella me escribe en nombre de ambos:

> Estimado doctor:
>
> Mi esposo y yo queremos que nos oriente. Por el tipo de trabajo que mi esposo hace, se tiene que ausentar a menudo por períodos de dos a tres meses. Tanto él como yo, nos necesitamos mucho. En ocasiones, utilizamos el teléfono para escucharnos y satisfacernos sexualmente. ¿Es pecado la masturbación cuando la practicamos juntos, pero a la distancia? La imagen mental que tengo es la de él y él la mía. ¿Qué opina usted de esto?

A veces, jocosamente, me digo: «Envidio a mi padre porque para los tiempos en los que él pastoreaba no existían los celulares, ni Skype, ni los teléfonos inteligentes, ni siquiera las consejerías como las conocemos hoy». Sin embargo, en verdad me inspira conocer a gente como Maritza y Héctor, cuya creatividad la usan para esforzarse por hacer las cosas lo mejor que pueden.

Pues bien, condiciones excepcionales exigen soluciones excepcionales. Esta fue mi primera reacción. Sin embargo, una primera reacción u opinión en temas tan íntimos como este no siempre es suficiente. Así que, siguiendo con la disciplina que he desarrollado con el pasar de los años, pedí dirección al Espíritu Santo. Le pedí que me diera luz y sabiduría ante una consulta tan honesta y sincera.

En Proverbios 5.15–17 (TLA) encontré este poderoso pasaje que nos permite echar un vistazo al tema en cuestión:

> Si quieres disfrutar del amor,
> disfrútalo con tu esposa.
> ¡Guarda tu amor sólo para ella!
> ¡No se lo des a ninguna otra!
> No compartas con nadie
> el gozo de tu matrimonio.

Y, como lo hace siempre el Espíritu Santo, me transportó de inmediato a una de las referencias más poderosas para los temas de matrimonios que se encuentra en 1 Corintios 7.2–6. Antes de leerlo, quiero pedirte que tomes en cuenta la intención principal del Espíritu Santo en este pasaje, que es estimular a los cónyuges a lo relacional. Este es un aspecto tan importante en las prioridades de Dios, que sujeta aun el tiempo de oración a un acuerdo de la pareja. Y dice más, que la separación para la búsqueda de Dios en oración, debe ser por corto tiempo y que de inmediato, vuelvan a «relacionarse». Leamos con cuidado.

> Por supuesto que es mejor, aunque mejor aún es que cada hombre tenga su propia esposa, y que cada mujer tenga su propio esposo, para que no caigan en relaciones sexuales prohibidas. El esposo debe tener relaciones sexuales sólo con su esposa, y la esposa debe tenerlas sólo con su esposo. Ni él ni ella son dueños de su propio cuerpo, sino que son el uno para el otro. Por eso, ninguno de los dos debe decirle al otro que no desea tener relaciones sexuales. Sin embargo, pueden ponerse de acuerdo los dos y dejar de tener

relaciones por un tiempo, para dedicarse a orar. Pero después deben volver a tener relaciones; no vaya a ser que, al no poder controlar sus deseos, Satanás los haga caer en una trampa.

Ya vimos antes que, para que ocurra el adulterio, no se necesita del acto físico. Y si no se necesita del cuerpo físico y presente para que se constituya un adulterio, entonces una experiencia de satisfacción compartida entre esposos, aun a la distancia —mediante teléfono o computadora—, no puede ser pecaminosa. Ese esposo y esa esposa se están «deseando» el uno al otro. Esa misma conversación y esa misma actividad en persona, en una misma habitación, entre esposos es perfectamente permitida, ¿cierto? ¿Cómo entonces la hace pecaminosa el hecho de que exista un teléfono o una computadora de por medio, cuando realmente no tienen otra opción?

Si leemos Cantares cuidadosamente, nos damos cuenta de que mucha de la excitación de la sunamita por su esposo se da en ausencia de él. Ella expresa gran pasión por su esposo, hablando, recitando, quizás cantando. Y el esposo también hace lo mismo. ¿Qué crees que habrían hecho Salomón y la sunamita de haber tenido un iPhone o una computadora con Skype?

De la misma manera que la pregunta de Maritza y Héctor no fue nada tradicional, así mismo fue mi respuesta. Hoy ellos siguen felices con el método que utilizan para «relacionarse» a la distancia. ¡Especialmente ahora que tienen el consentimiento de su pastor! Antes que se «quemen» o caigan en tentación con otras personas o imágenes, es mejor que expresen su amor, como sea y por el método que sea. Aunque, «por supuesto, les estoy dando un consejo, no una orden» (1 Corintios 7.6, TLA).

De hecho, quiero enfatizar algo: si alguna de las recomendaciones que te presento son contrarias a los consejos de tu pastor o sacerdote, sigue lo que diga tu líder espiritual. Después de todo, él es el responsable ante Dios por ti.

En resumen, la masturbación no es la causa, es solo el reflejo de que algo no está funcionando según el diseño original. Y eso puede ser desde una situación hormonal por la ausencia del cónyuge, una desviación pecaminosa o hasta una deficiencia de comunicación conyugal. Las causas pueden ser variadas y las soluciones también. Los riesgos que se corren son iguales para todos: tentación, pasión descontrolada, seducción, pecado y muerte (separación de la comunión con Dios).

Es imperante que activemos y nos entrenemos en el don del dominio propio que Dios nos ha dado. El dominio propio es la mejor protección contra la masturbación entre solteros, casados, hombres, mujeres, jóvenes y adultos.

PARA QUE ESTÉS BIEN...

1. **Haz un autoexamen**. Hay que tratar de descubrir qué es lo que te está llevando a la masturbación. A menudo esta práctica es síntoma de intranquilidad del alma y con eso es lo primero que hay que trabajar.

2. **Ubícate con honestidad en el contexto de vida en que estás.** Debes comprender el fenómeno de la masturbación dentro del contexto de tu vida porque allí se esconde la causa y el remedio para tratarlo. Por ejemplo, la masturbación en el niño es algo muy diferente a la del adolescente. La masturbación entre adultos es diferente a la que existe entre adolescentes. Aun más, la masturbación en un adulto casado tiene unas implicaciones diferentes a la práctica de autoerotismo en un adulto soltero. Lo queramos aceptar o no, hay diferencias en cada uno de estos contextos, y cada uno exige un trato y una actitud individual.

3. **Si estás pasando de la masturbación ocasional a la compulsiva,** tienes que entrar en un plan de vida espiritual, con ayuda de un mentor serio y responsable.

4. **Diseña una estrategia espiritual práctica, con ayuda de tu mentor**. Por ejemplo, en nuestros grupos de apoyo para tratar adicciones, tenemos a los «socios responsables» (en inglés se les conoce como *accountability partners*). Cada persona en entrenamiento tiene asignado uno o varios a quienes tiene que rendirles cuentas periódicamente o cada vez que ese socio le pida cuentas sobre cómo va en su proceso. Esto puede llegar a ser incómodo,

pero es muy efectivo si se hace con la persona correcta y con transparencia. La estrategia consiste en enseñarle al paciente cómo volver de la fantasía sexual a la realidad y a lo que Dios espera de él o ella.

5. **Crea una breve oración para cada vez que llegue el primer pensamiento.** Por ejemplo: «Yo tengo la mente y el cuerpo de Cristo».

6. **Con la intención de controlar tu mente y permanecer en la realidad**, ocúpate de alguna actividad externa y física; por ejemplo, limpiar la casa, lavar el carro, ir al gimnasio, trotar, correr bicicleta, salir a caminar, etc.

7. **Además de lo anterior, puedes unirte a grupos de apoyo** como Adictos al Sexo Anónimos, L.I.F.E. y otros. Algunos masturbadores compulsivos han descubierto verdadera amistad en esos encuentros. El cultivar amistades reales con personas reales reduce significativamente el poder de la fantasía sexual, y al mismo tiempo aumenta tu sentido de autoestima.

8. **Parejas casadas, busquen ayuda para superar sus dificultades.** Vayan con un consejero matrimonial profesional y cristiano. Hombres, no se encierren tanto en el trabajo. ¡Sus esposas los necesitan! Su ausencia o su desinterés muchas veces las hace sentir muy solas. Y la soledad puede llevarlas a la tentación de buscar la complacencia en la masturbación o en el adulterio. Mujeres, su afán por cumplir con los hijos, la casa y la vida contemporánea les llevan a dedicar muy poco tiempo a sus esposos, y esto provoca condiciones para que terminen buscando gratificación sexual en el adulterio o en la masturbación. ¡No descuides tu deber conyugal!

9. **No seas víctima de tu mente.** No caigas en el error de idealizar a nadie. Las fantasías son solo eso... ¡fantasías! Un mundo, un ambiente, una persona, una situación o un acto creado por la imaginación. Y, por ende, no pertenece a la realidad.

10. **¡Camina por otra calle!** Parte del proceso de entrenamiento que sugiero consiste en volverse más honesto respecto de las propias motivaciones. Y este poema lo explica perfectamente.

AUTOBIOGRAFÍA EN CINCO CAPÍTULOS BREVES

Por: Portia Nelson

1. Camino calle abajo. Hay un hoyo profundo en la vereda. Caigo en él. Estoy perdido. No tengo ayuda. No es mi culpa. Me tomará toda la vida encontrar una salida.

2. Camino por la misma calle. Hay un hoyo profundo en la vereda. Pretendo no verlo. Caigo nuevamente en él. No puedo creer que estoy en el mismo lugar. Pero no es mi culpa. Todavía me lleva largo tiempo salir.

3. Camino por la misma calle. Hay un hoyo profundo en la vereda. Nuevamente caigo en él. Es un hábito. Mis ojos están abiertos. Sé donde estoy. Es mi culpa. Salgo inmediatamente.

4. Camino por la misma calle. Hay un hoyo profundo en la vereda. Paso por el costado.

5. Camino por otra calle.

CAPÍTULO **6** ————————————————

HABLEMOS DE ALGUNAS ADICCIONES

L o primero que tenemos que hacer para poder ser libres de cualquier adicción es erradicar la ignorancia sobre eso que nos ata. En términos sencillos, una adicción es cualquier conducta habitual que compromete la libertad de un individuo. Es causada por una dependencia o apego a una sustancia, persona, sensaciones o relaciones. La palabra «conducta» es particularmente importante en esta definición. Manifestar una «conducta» implica acción, la cual es esencial para que haya adicción.

Sin embargo, es de suma importancia establecer que cuando hablamos de «conducta» no nos estamos limitando a una actividad física externa. Los pensamientos son también «conducta». Las imágenes, los recuerdos, las fantasías, las ideas, los conceptos, los estados de ánimo también pueden llegar a convertirse en conductas adictivas. En nuestra experiencia de terapia y consejería hemos tenido muchos casos de pacientes con pensamientos de experiencias obsesivas (reales e imaginarias), y muchísimos con enfermedades mentales.

Según el Centro de Control de Enfermedades de Estados Unidos (CDC), una tercera parte de las personas que viven en esta nación sufren de algún problema mental o emocional. Un gran número de ellos son hispanos. Se calcula que casi sesenta millones de personas mayores de dieciocho años —una de cada cuatro— sufre de algún tipo de desorden mental. Algunas de esas condiciones son: depresiones graves, trastorno bipolar, ansiedades, fobias, obsesión compulsiva y otros padecimientos que provocan cambios de ánimo de todo tipo.

Un noventa por ciento de los suicidas —más de treinta mil al año— padece de alguna clase de desorden mental y eran codependientes de drogas recetadas. Según el *American Journal of Psychiatry*, en su edición de diciembre de 2010, el número de personas que ha requerido servicios de salud mental entre 1998 y 2007 aumentó de dieciséis a veintitrés millones. El número de individuos bajo tratamiento por drogas recetadas se incrementó de cuarenta y cuatro a cincuenta y siete por ciento en ese mismo periodo.[1]

Las adicciones afectan a todo el «aparato mental» del individuo, lo que se manifiesta en dos áreas primarias: (1) la voluntad, que es la capacidad del individuo para escoger su conducta; y (2) la autoestima, que es el respeto y valor que nos atribuimos a nosotros mismos como personas.

¿QUÉ HACEN LAS ADICCIONES?

En esencia, la adicción toma control de tu voluntad y la divide en dos. Una parte de ella quiere ser libre y la otra quiere continuar la conducta adictiva. El apóstol Pablo hizo una brillante exposición de este dilema en su Carta a los Romanos:

Porque sabemos que la ley es espiritual; mas yo soy carnal, vendido al pecado. Porque lo que hago, no lo entiendo; pues no hago lo que quiero, sino lo que aborrezco, eso hago. Y si lo que no quiero, esto hago, apruebo que la ley es buena. De manera que ya no soy yo quien hace aquello, sino el pecado que mora en mí. Y yo sé que en mí, esto es, en mi carne, no mora el bien; porque el querer el bien está en mí, pero no el hacerlo. Porque no hago el bien que quiero, sino el mal que no quiero, eso hago. Y si hago lo que no quiero, ya no lo hago yo, sino el pecado que mora en mí. Así que, queriendo yo hacer el bien, hallo esta ley: que el mal está en mí. Porque según el hombre interior, me deleito en la ley de Dios; pero veo otra ley en mis miembros, que se rebela contra la ley de mi mente, y que me lleva cautivo a la ley del pecado que está en mis miembros. ¡Miserable de mí! ¿quién me librará de este cuerpo de muerte? Gracias doy a Dios, por Jesucristo Señor nuestro. Así que, yo mismo con la mente sirvo a la ley de Dios, mas con la carne a la ley del pecado. (Romanos 7.14–25, RVR60)

Esta incongruencia interna —de la que todos padecemos— cuando no se somete a Cristo, comienza a socavar la autoestima. La persona comienza a despreciarse a sí misma y, en consecuencia, se desata una cadena de eventos que por lo general le internan más en la adicción. La persona comienza a decirse: «No sirvo para nada, ni siquiera puedo hacer lo que sé que tengo que hacer», «Soy un don nadie (o doña nadie) y todo me sale mal», «Yo trato, trato y trato, pero no lo consigo», «Me parece que Dios se olvidó de mí».

Y es precisamente en esta área donde se produce el mayor impacto en la autoestima del ser humano. Es aquí cuando la persona siente que fracasa una y otra vez en sus intentos por cambiar su conducta. Y son esos fracasos los que van deteriorando severamente tanto la autoestima como las fuerzas del paciente. De aquí hacia la adicción hay menos de un pequeño paso.

MENTE ADICTIVA

Casi siempre, cuando la persona encara consecuencias que le hacen sentirse en peligro, escuchamos expresiones como: «No vuelvo a hacer esto o aquello», «¡Jamás vuelvo a comer tanto!», «¡Nunca más vuelvo a beber!», «No vuelvo a... sufrir por amor, a fumar, a acostarme con nadie hasta que me case...» y la lista de los «no vuelvo» no tiene fin.

Luego, las consecuencias se olvidan, el dolor pasa, el susto se disipa y comienza el ciclo otra vez. ¿Qué nos hace repetir esas conductas adictivas una y otra vez si ya sabemos, por experiencia, que nos producirán remordimiento, dolor y sufrimiento? ¡Una mente adictiva!

El ser humano, además de volverse adicto a sustancias químicas externas, también se convierte en adicto a los químicos internos que segrega el cuerpo cuando siente una emoción. El cerebro está hecho de pequeñas células nerviosas llamadas neuronas. Estas tienen pequeñas ramas que se extienden y conectan con otras para formar una red neuronal. En cada punto de conexión se incuba un pensamiento o un recuerdo.

Fisiológicamente, las células nerviosas se extienden y se conectan entre sí, y si algo se practica a diario y por tiempo prolongado, las células nerviosas establecen una relación a largo plazo. Si te enojas, si te frustras, si sufres a diario, entonces se va creando esa relación con otras células nerviosas que forman una identidad y se va moldeando el hábito o la adicción. Piensa en el cerebro como una mini fábrica donde se producen sustancias químicas que corresponden a ciertas emociones.

Cuando repetimos determinadas conductas una y otra vez, creamos estados emocionales adictivos.

El cerebro, específicamente el hipotálamo, fabrica químicos para, entre otros, la ira, la tristeza, la alegría. Existe una sustancia química para cada estado emocional que experimentamos. Cuando ese químico llega a las diferentes partes del cuerpo, cada célula lo recibe. Son como moléculas de emociones. Al repetir una acción constantemente, las células van creando una memoria y es por eso que atraemos situaciones —deseadas o no— a nuestras vidas para saciar el apetito bioquímico de las células y cubrir esa necesidad química. La Biblia llama a eso «deseos carnales».

El adicto, a diferencia de la persona que no lo es, siempre necesita un poco más de esa sensación o emoción para alcanzar el estado de euforia o la reacción química que busca. En otras palabras, si no puedes controlar tu estado emocional, tienes una adicción al mismo.

Por otro lado, cuando comenzamos a interrumpir el patrón adictivo, nuestras células van creando nuevas alianzas que permiten la modificación de la adicción emocional. Los seres humanos somos algo así como técnicos de mantenimiento que tenemos que estar constantemente desinfectando y purificando nuestros pensamientos y nuestra mente. Y cuando lo hacemos, también estamos ayudando a nuestro cerebro biológico a crear nuevas alianzas entre sus células para así poder liberarnos de las emociones adictivas.

CARACTERÍSTICAS DE TODA ADICCIÓN

Para facilitar el análisis del nivel de la experiencia adictiva de nuestros clientes, hemos identificado en nuestra práctica cinco características básicas del codependiente de las conductas adictivas, a saber:

1. *Sensibilidad tolerante*

Esta característica se presenta cuando la persona quiere más y más de la conducta adictiva (persona, pensamiento, idea o relación) con el fin de sentirse satisfecha. Lo que ya ha obtenido o ha hecho, nunca es suficiente. El paciente racionaliza: «Solo un poco más y ya estaré bien» o «La última vez y ya». El cuerpo se ha ido ajustando lentamente al químico interno y a sus sensaciones externas. Al principio, la persona no se da cuenta de la dependencia que se ha creado. Pero ese mismo ajuste químico comienza a disminuir el efecto excitante de la conducta. Entonces, el cuerpo quiere más, hay que aumentar la dosis de la sustancia, la idea, el pensamiento, la emoción, según sea el caso. Es el mismo proceso para las adicciones a sustancias químicas o conductas externas. Por ejemplo, los adictos a las compras dicen: «*Necesito* comprar cuatro carteras más». Los adictos al trabajo afirman: «*Tengo* que trabajar otras seis horas más antes de *poder* salir de la oficina». Lo mismo ocurre con los adictos al dinero: «Necesito traer más dinero a la casa, uno nunca sabe. Hoy estoy bien pero mañana, no se sabe». En esencia, el fenómeno de la sensibilidad tolerante es que ese deseo adictivo se torna insaciable.

2. *Estrés reactivo*

Aquí se «priva» al cuerpo de ese algo o ese alguien del que depende. El cuerpo reacciona como con una «alarma de peligro», como si algo estuviera mal. Lo que en realidad está ocurriendo es que el sistema nervioso se pone en alerta porque algo que regularmente está ahí de repente ya no está. Aquí se puede estar hablando de una sustancia externa o de esa sensación que se produce internamente. Esta reacción ocurre a nivel inconsciente. Los síntomas pueden ser insomnio, irritabilidad, agitación extrema, pulso acelerado, ansiedad y ataques de pánico. Lo mismo es cierto cuando hablamos de adicción a relaciones, a personas o a la aceptación. Si la persona está adicta a la necesidad de conseguir la aceptación de los demás con el fin de sentirse bien, siempre va a tratar de complacer a esas personas y de llamar su atención. Sin embargo, el día que ocurra algo que interprete como un rechazo por parte de esas personas, el mundo emocional se le vendrá abajo hecho añicos. El dependiente de la cocaína y el que depende de la aceptación de otros para poder «funcionar» tienen casi el mismo choque emocional. Un ataque de estrés reactivo.

3. *Activación-defensiva*

En este punto la voluntad de la persona recibe su ataque más feroz. Es aquí cuando una parte de la mente activa todo su poder creativo para perpetuar la conducta adictiva. Y la otra parte queda secuestrada, deseando ser libre, pero no puede. La persona exhibe motivaciones contradictorias y deseos mezclados: «*Quiero salir* de esta situación, pero *dame tiempo*». «*Tú no me puedes* internar por esta *tontería*». «*Yo lo voy a superar*, pero tienes que entender que *no es fácil*». La mente del paciente estará en absoluta negación: «No tengo nada. Cuando yo quiera dejar esto, lo dejo y ya».

Uno de los casos que más me impactó en mi consulta fue el de Carlos, un buen hombre cristiano, fiel a su congregación, con una obsesión compulsiva con su esposa, Sandra. Cada vez que ella salía a trabajar, él entraba en una crisis de estrés reactiva y pensaba que alguien en el trabajo le estaba «quitando» a la esposa. Cada vez que acudía a verme, su respuesta era la misma: «Yo no estoy loco, no tengo nada. Si ella se quiere ir con otro, no tengo problema ninguno. Solo que me lo diga». Lo tratamos por un tiempo y, al no ver ningún progreso, lo referimos a un equipo de psiquiatras especialistas en este tipo de desorden mental. Dos años después, Sandra ya no pudo más y tuvo que pedir protección a las autoridades. Terminaron divorciados.

4. *Pérdida de la voluntad*

Este es el primer aspecto de la definición de una adicción. El paciente comienza a hacer resoluciones relacionadas con la conducta, pero nada le funciona. Conoce las resoluciones que ha hecho, pero también sabe cómo violarlas. Su voluntad perdió todo su poder. La pérdida de la voluntad es la diferencia entre esclavitud y libertad. Aquí, ya la persona quedó cautiva, sin fuerza de voluntad. Perdió su libertad y es víctima de su adicción. Es precisamente a esta situación que Jesús hace referencia en Lucas 4.18 (RVR60):

> *El Espíritu del Señor está sobre mí,*
> *Por cuanto me ha ungido para...*
> *sanar a los quebrantados de corazón;*
> *A pregonar libertad a los cautivos...*
> *A poner en libertad a los oprimidos.*

5. *Atención distorsionada*

En ocasiones, padecemos de adicciones que ni siquiera notamos. Una de ellas ocurre cuando una conducta nos lleva a distorsionar nuestro foco de atención. El adicto a la heroína, al crack, al alcohol, pone solo su atención en cómo resolver su necesidad inmediata. Y de la misma manera ocurre con el adicto a cualquier conducta o sensación. La pérdida de atención —o atención distorsionada— constituye la esencia del pecado original. Fue lo que provocó el pecado de Adán y Eva. Concentraron su atención en la satisfacción emocional, egoísta y pasajera. Es por eso que tenemos que, diariamente, tomar la decisión intencional de mantener nuestra atención en Dios y en sus instrucciones. Si nos preocupamos excesivamente por las finanzas, el dinero, el estatus social y otras satisfacciones personales, también nos convertimos en adictos, y nuestra atención se desenfoca. ¡Mucho cuidado!

LA ADICCIÓN SEXUAL

La adicción sexual la podemos definir como una dependencia de una experiencia sexual insaciable. Es lo que la Biblia llama «lascivia». Literalmente significa «falta de disciplina moral, rechazo a las normas aceptadas de la moral». El término proviene del latín *lascivĭa*, y el diccionario de la Real Academia Española lo define como una «propensión a los deleites carnales». Significa permisividad, desorden, abandono de todos los frenos. También se refiere a todo lo sucio, degradante, lujurioso y obsceno.

Jesús hace una referencia clara a eso en Marcos 7.20–22 (NVI):

> *Lo que sale de la persona es lo que la contamina. Porque de adentro, del corazón humano, salen los malos pensamientos, la inmoralidad sexual, los robos, los homicidios, los adulterios, la avaricia, la maldad, el engaño, el libertinaje, la envidia, la calumnia, la arrogancia y la necedad.*

El adicto al sexo prefiere las relaciones enfermizas a las saludables. Esas experiencias, a veces morbosas, se convierten en el centro de sus vidas. Y claro, no debemos confundir la adicción sexual con actividad sexual frecuente y placentera. Al confundir estas prácticas, se han cometido muchas injusticias entre parejas dentro del contexto religioso «puritano». Un hombre o una mujer que disfruta de su sexualidad con su cónyuge no debería ser acusado de ser un «adicto sexual», un «enfermito» o «enfermita».

El doctor Bernardo Stamateas —reconocido sexólogo clínico, escritor, conferenciante internacional y pastor de la Iglesia Ministerio Presencia de Dios en Buenos Aires— cuenta que en una de sus conferencias, alguien se le acercó para que hablara sobre la lascivia. El doctor le pidió al hombre que definiera «lascivia» y este respondió: «Eso es lo que hacen esos matrimonios que tienen sexo todos los días». ¿La reacción del pastor? «Caballero, eso es envidia, no lascivia».

La diferencia entre alguien que disfruta el sexo con su cónyuge todo el tiempo y el adicto sexual es sencilla. El primero domina y controla su conducta sexual, mientras que el adicto no puede hacerlo. El adicto al sexo ha perdido la capacidad de decir «no». Su conducta sexual forma parte de un ciclo obsesivo de pensamientos, sentimientos y actitudes que no puede controlar. El adicto sexual en lugar de disfrutar del sexo como una fuente de placer en el matrimonio, lo usa como un escape, como una actitud egoísta, como agresión a sí mismo, como alivio del dolor o del estrés. Exactamente lo mismo que hace un adicto a las drogas o al alcohol.

El individuo que tiene el sexo como centro de su vida es al que popularmente llamamos «enfermo sexual». Para esa persona todo lo demás puede ser sacrificado, incluyendo la familia, los amigos, el trabajo y hasta la salud.

Si crees que estás lidiando con esa adicción, quiero que sepas que hay esperanza. Tu condición puede ser tratada y vencida. El primer paso es retomar el control de la mente. No creas la mentira de que no hay remedio. ¡Si lo hay! Todas las historias de hombres y mujeres que hemos escuchado sobre cómo superar esa fuerte adicción tienen un denominador común: entrenar la mente con la Palabra de Dios. Y eso significa escoger los pensamientos que vas a pensar.

¿Cómo hacerlo? Desecha toda idea egoísta acerca del sexo. Aléjate de la pornografía. Apártate de amistades y ambientes asociados a la conducta sexualizada. Guárdate para la persona que Dios te ha dado. Cuando estés en la intimidad con tu cónyuge, concéntrate en él o ella. Borra de tu mente cualquier otra imagen o fantasía sexual.

Además, es muy importante que busques apoyo en un buen mentor espiritual, consejero o psicólogo cristiano. También necesitarás integrarte a algún grupo de apoyo cristiano en el que entiendan el proceso por el que estás pasando. Para esta adicción específica, encontrarás una ayuda invalorable en L.I.F.E., un grupo de apoyo para cristianos ex adictos al sexo.

En nuestro equipo de trabajo contamos con testimonios vivos de esperanza para el adicto al sexo.

Pero te adelanto que la pureza sexual no se logra en una sesión de una hora o con una oración de dos minutos. Es un proceso gradual, a veces con caídas y frustraciones. Sin embargo, es alcanzable. Vas a necesitar mucho perdón propio, un buen entrenador espiritual, entrevistas periódicas y un sincero deseo de salir de eso.

Precisamente mientras escribía este capítulo, uno de mis boxeadores favoritos, Oscar de la Hoya, con mucha angustia en su rostro, confesaba en televisión nacional por la cadena Univisión, todo el desastre que le han causado las adicciones. El excampeón mundial admitió que debido a sus adicciones, llegó al punto de no querer vivir más.

«En una de esas noches en que estaba borracho, me pregunté: ¿vale la pena seguir viviendo? Y corren por tu mente tus hijos y tu esposa. No soy capaz de hacer algo así [suicidarse] pero lo pensé», agregó.

En esta valiente entrevista concedida al programa «Aquí y ahora», el «Niño de Oro» del boxeo explicó cómo las adicciones minaron su vida y lo alejaron de lo más importante. Habló de cómo esas adicciones perjudicaron a su familia, a sus hijos e incluso su carrera como deportista.[2]

El relato de Oscar de la Hoya confirma dos cosas básicas. Primero, las adicciones lo destruyen todo. Segundo, las adicciones no desaparecerán solas. Necesitas actuar. Él buscó ayuda en un grupo médico profesional y en un grupo de consejeros espirituales, por lo que está venciendo. ¡Hay esperanza! Pero necesitas sinceridad y mucha oración en la mente y confesión con la boca: «Sí puedo y lo voy a lograr en el nombre de Jesús». Esta es la fórmula que les doy a mis pacientes.

UNA RECETA INFALIBLE

Piensa en esto: el mundo está halando su lado de la soga para desenfocarnos de Dios y hacernos adictos a sus ofertas. Esa es la intención de toda adicción. Si con lo que hemos explicado hasta aquí, puedes reconocer alguna adicción a la ira, al llanto, a la autocompasión, al miedo, a la tristeza desmedida, o a cualquier otra emoción, tengo buenas noticias para ti: ¡La Palabra de Dios nos presenta la receta para la sanidad de toda adicción!

> *Así que pongan sus preocupaciones en las manos de Dios, pues él tiene cuidado de ustedes. (1 Pedro 5.7,* TLA*)*

> *Dios bendice a quienes aman su palabra y alegres la estudian día y noche. Son como árboles sembrados junto a los arroyos: llegado el momento, dan mucho fruto y no se marchitan sus hojas. ¡Todo lo que hacen les sale bien! (Salmo 1.2–3,* TLA*)*

Estos dos pasajes son un ejemplo claro de que la práctica constante y disciplinada de la meditación en la Palabra de Dios nos ayuda a observar, sanar y limpiar nuestros pensamientos. El pasaje que leemos en Josué 1.8 (TLA) lo resume magistralmente: «Nunca dejes de leer el libro de la Ley; estúdialo de día y de noche, y ponlo en práctica, para que tengas éxito en todo lo que hagas». ¡No creo que podamos decirlo mejor!

CAPÍTULO 7

HABLEMOS DE LA INFIDELIDAD

Varias veces les dije a muchos qué tenían que hacer, pero sinceramente lo traté todo y no supe cómo salir de aquello. Ni siquiera lo planifiqué. Un día, simplemente alimenté una idea y esa idea produjo un plan. El plan un encuentro y el encuentro una relación que nunca supe cómo detenerla.

—UNO DE LOS PASTORES HISPANOS MÁS INFLUYENTES EN LOS
ÚLTIMOS VEINTE AÑOS

Lo que viví no se lo recomiendo ni al peor de mis enemigos. Muchas veces le pedí a Dios que me llevara. La infidelidad ha sido la peor experiencia que he vivido.

—UNO DE LOS PREDICADORES MÁS EXITOSOS EN EL MENSAJE DE FE
Y PROSPERIDAD EN LA DÉCADA DE LOS OCHENTA Y NOVENTA

Inesperadamente, un día, todo cambió. Supe que mi esposo, con quien llevaba casada treinta y tres años, sostenía una relación extramarital con una joven que era nuestra asistente. El amor es una decisión que tomamos los seres humanos. Decidimos amar u olvidar. Amar u odiar. Amar o despreciar. Amar o abandonar.[1]

—UNA MUY QUERIDA Y RESPETADA PASTORA, ESPOSA DE CÓNYUGE INFIEL

Nadie sabe las profundas heridas que deja el adulterio, solo el que las ha causado o el que las ha recibido. Yo lo puedo garantizar.

–UNO DE LOS HOMBRES MÁS BRILLANTES QUE HE CONOCIDO. SU PRÉDICA ACERCA DEL AMOR DE DIOS Y SU DISCURSO ANTILEGALISMO MARCARON MI VIDA PARA SIEMPRE. Y FUE SORPRENDIDO POR LA INFIDELIDAD EN LA CÚSPIDE DEL ÉXITO DE SU MINISTERIO.

Las consecuencias de este pecado solo se pueden comparar con la experiencia del grano. Fui molido duramente por lo que hice. Lo perdí todo, hasta la misericordia y el amor de mis hermanos. He pasado todo tipo de necesidad: espirituales, económicas, emocionales. Llegué a estar muy cerca de pasar hambre. Pero Dios nunca me dejó.

—UNO DE LOS LÍDERES MÁS INFLUYENTES EN LA PASTORAL DE MIAMI EN LOS AÑOS NOVENTA

Lemuel, las consecuencias de lo que viví han sido como ser atacado por un perro pitbull. Mis errores me alcanzaron y me han tomado del cuello, me han mordido, me ahogan, me han desangrado y no me sueltan. Lo peor es que perdí a la mujer con quien ocurrió todo y perdí a mi esposa, el amor de mi vida. Ha sido una muerte lenta, dolorosa, humillante y vergonzosa.

—LAS PALABRAS ENTRE LÁGRIMAS DEL FUNDADOR DE MÁS DE VEINTIDÓS IGLESIAS (EN COLOMBIA) EN MENOS DE UNA DÉCADA, EN UNA DE VARIAS ENTREVISTAS QUE TUVE CON ÉL PARA ESTE LIBRO

Mi ingenuidad me llevó a prestarle oído a un hombre fuera de mi matrimonio. Ese fue el comienzo de todo. La destrucción vino

como un tsunami. Arrasó con todo. Hoy, mi consejo a todos es: ¡huyan del adulterio!

—UNA RESPETADA PASTORA QUE EVANGELIZÓ MUCHOS BARRIOS LATINOS DE NUEVA YORK Y NUEVA JERSEY EN LA DÉCADA DE LOS OCHENTA

Fui descubierto. A ellos no les habría importado si yo hubiera tenido una amante secreta; de hecho, muchos sacerdotes tienen una, e incluso tienen hijos fuera del matrimonio. Fue realmente el hecho de que yo fuera sincero al respecto y admitiera mi situación en público lo que no pudieron tolerar. En mi caso, la atención de los medios internacionales fue una vergüenza que estaba más allá de lo que los líderes de la iglesia podían tratar o aprender a perdonar. No hubo abuso sexual, menores involucrados ni ninguna actividad ilegal. El único escándalo fue que yo no guardé el celibato.

—EL SACERDOTE HISPANO MÁS RECONOCIDO DE LA IGLESIA CATÓLICA EN LAS ÚLTIMAS DÉCADAS, CITADO DEL LIBRO EN EL QUE CUENTA LO QUE VIVIÓ POR SU «INFIDELIDAD» AL CELIBATO Y A LA IGLESIA[2]

Estas son las dolorosas expresiones de grandes hombres y mujeres de Dios luego de haber sido descubiertos en aventuras extramaritales. Tres pastores, una pastora, una esposa que fue víctima inocente de la infidelidad y un ex sacerdote católico. Y, a pesar de que cada uno tiene una experiencia única y distinta que contar, *todos* coinciden en una cosa: la infidelidad debe evitarse a toda costa.

HOMBRES Y MUJERES INFIELES

Si bien es cierto que la infidelidad casi siempre se plantea como un problema de los hombres, sabemos que desde tiempos de antaño ha sido un problema de ambos sexos. Por ejemplo, en Génesis 39, la esposa de un gobernante egipcio intenta, en un episodio de traición a su esposo, un acto de adulterio con el joven José, hijo de Israel, patriarca de los judíos. José logra escapar en el último momento pero, por despecho, su patrona lo acusa injustamente de hostigamiento sexual y José termina en prisión.

Desde las páginas de la Biblia hasta las del *Miami Herald* todos hemos conocido de casos «de faldas» (y pantalones) muy notorios. Tomemos por ejemplo a Abraham y a Agar. En principio, fue un extraño acuerdo entre esposos, pero pronto comenzaron las deslealtades, los celos, la rivalidad y las típicas complicaciones de cuando hay terceras personas. Es necesario mencionar que aunque en ese tiempo bíblico se consentía la poligamia, el conflicto entre Sara, Agar y Abraham tiene todos los elementos de la infidelidad. Ese caso terminó en un desastre y sus consecuencias todavía son evidentes. Otro caso de infidelidad es el de Jacob, Raquel y Lea, este tipo de triángulo amoroso con dos hermanas fue expresamente prohibido luego por Moisés en Levítico 18.18.

Unos 930 años antes de Cristo, se registra uno de los casos más renombrados por los historiadores, estudiosos de la Biblia y predicadores. ¿Los personajes? David, Betsabé y Urías. Por lo menos dos personas mueren como consecuencia directa de esa infidelidad: Urías, el esposo inocente de ese triángulo amoroso, y el hijo procreado por David con Betsabé. Y, como suele pasar en esos casos, David solo vio el cuerpo de una hermosa mujer desnuda bañándose, pero fue incapaz de ver las consecuencias de aquel primer instinto pasional: un esposo muerto, un bebé muerto, la hermana de ese bebé violada por otros de sus hermanos y, más tarde, la muerte de un tercer hijo suyo. Y todo producto de un arranque pasional que no supo controlar.

En el Nuevo Testamento, Jesús atiende personalmente por lo menos dos casos de infidelidad. Uno es el de una mujer que se había divorciado cinco veces y en el momento en que el Maestro la encuentra era amante de un señor casado (Juan 4). El segundo caso se registra en Juan 8, aquí Jesús le salva la vida a una mujer que fue atrapada teniendo relaciones sexuales con un hombre casado. En ese caso, los religiosos de la época le habían hecho una «encerrona» a la mujer y querían hacerle otra a Jesús. Sin embargo, este los confronta y no permitió que la mataran.

Luego, en uno de los discursos más trascendentales del Señor, este trae el tema del adulterio con un replanteamiento brillante que dejó a todos mudos, ni los religiosos ni los discípulos supieron qué decir: «Oísteis que fue dicho: No cometerás adulterio. Pero yo os digo que cualquiera que mira a una mujer para codiciarla, ya adulteró con ella en su corazón» (Mateo 5.27–28, RVR60).

Jesús le hizo una actualización a la ley de Moisés para darle vigencia y fuerza. Hasta ese momento, los hombres, especialmente los que estaban en posiciones de poder, abusaban de sus privilegios y se aprovechaban de las muchachitas jóvenes y de las mujeres casadas bajo su autoridad. Las usaban como juguetes, las manoseaban, las hostigaban. Muchas veces, lo único que faltaba era la penetración, por lo que decían: «No he adulterado porque no me he acostado con ella». Eran una partida de hipócritas descarados. Jesús acaba con el abuso y les dice: «A partir de ahora, solo con mirar y desear a una mujer ajena, ya adulteras en la mente». Por el lenguaje de Jesús, podemos notar que les está hablando a los hombres casados, con relación a las mujeres casadas. Cuando la «codicia» se daba entre solteros y solteras, en la ley de Moisés, no se daba el delito de adulterio.

En 1998, Estados Unidos —la nación más cristiana del planeta— quedó avergonzada ante el mundo cuando el Presidente Bill Clinton, un bautista que asistía a su servicio dominical periódicamente, confesó haber tenido «una relación inapropiada» con una pasante interna en la misma oficina presidencial. Por meses, el presidente se defendió diciendo que no había cometido adulterio pues solo había sido sexo oral. Los jóvenes estadounidenses coincidieron con él.

Según una encuesta publicada por la revista *Seventeen*, cuarenta y nueve por ciento de los jóvenes encuestados dijo que «el sexo oral era inferior» al acto genital, mientras que cuarenta por ciento opinó que el sexo oral «no contaba como sexo». O sea, esos jóvenes estuvieron de acuerdo con el presidente: si el sexo oral no cuenta como tal, entonces tampoco es pecado entre jóvenes solteros. Y si no es sexo, entonces tampoco califica como pecado para los casados. En resumen, no es infidelidad para los casados, ni fornicación para los solteros. ¡Vaya error!

Sin ninguna excepción, el adulterio mostrará primero las sensaciones agradables, los cuerpos atractivos, las palabras bonitas, la «ilusión», el buen sabor de lo prohibido. Se reservará para luego la vergüenza y los corazones destruidos de hijos, hijas, esposas, familias, iglesias, empresas, ministerios, ciudades y naciones.

INFIDELIDAD Y ADULTERIO

La diferencia entre estos dos términos es sencilla: la infidelidad es la conducta y el adulterio es el delito. Por ejemplo, si vas manejando tu vehículo y no te detienes ante una luz roja, «la conducta» es cruzarte el semáforo; el «delito» es la infracción a la ley de tránsito. Y la multa es la consecuencia de esa acción.

Aunque hoy suele resaltarse la infidelidad en los hombres, *por lo general* se necesita de una mujer para ser infiel. Y viceversa. Los científicos, sin embargo, parecen estar de acuerdo en que el hombre tiende a ser la parte intelectual en la mayoría de las historias de infidelidades.

Por lo general, cuando se dice que los hombres están más propensos a la infidelidad no solo se está hablando del aspecto cultural. Según la doctora Louann Brizendine, especialista en neuropsiquiatría y experta en el tema, «el diseño del cerebro del hombre contiene una base hormonal más agresiva en el aspecto sexual que el de la mujer. La extensa creatividad sexual del hombre responde a tres hormonas principales: la testosterona, la vasopresina y la sustancia inhibidora mulleriana (SIM), por lo que el hombre está siempre preparado para aprovechar una oportunidad sexual».[3]

LA «ANACONDA» DEL ADULTERIO

¿Recuerdas la ilustración de la «anaconda» que presentamos en el primer capítulo? Te aseguro que es muy apropiada para este tema. Vemos por todos lados «anacondas adúlteras» humanas. Son hombres y mujeres, ideas, pensamientos e imágenes que aparecen, especialmente, cuando estamos atascados en los pantanos de la vida; llámense rutina, separación, divorcio, viudez, desempleo, enfermedad, muerte, soledad, pobreza, prisiones reales e imaginarias, etc. Estas «anacondas» son tan pesadas que cuando caen sobre nosotros nos aplastan, nos tumban y nos dejan en el suelo.

Casi siempre, esas «anacondas adúlteras» son personas que nos han estado observando por algún tiempo, mientras ellas están sumergidas en sus propios pantanos, esperando el momento de mayor vulnerabilidad para envolvernos lentamente y tragarnos. Y son capaces de apretarnos muy fuerte, de forma sutil y silenciosa, en medio de la oscuridad de nuestras vidas.

No cabe la menor duda de que existen ciertos estados emocionales que nos hacen presa fácil para esas anacondas de la vida. Te aseguro que *todos* hemos sido presa de ellas. A veces se trata de gente real, de situaciones. Otras veces se trata de ideas, pensamientos y nuestra propia mente. A todos nos ha pasado o nos pasará. Todos hemos vivido momentos, temporadas cortas o largas de nuestra vida en las que hemos plantado un campamento justo en el medio del nido de esas anacondas. Sin embargo, *todos* también tenemos la capacidad de salir de allí.

REPROGRAMACIÓN DE LA MENTE
ADÚLTERA

La infidelidad comienza con una idea. Tu cerebro solo necesita doce centésimas de segundo para decidir «desear» o «codiciar» a la persona que acaba de pasar al frente tuyo. La idea se presenta mucho antes de que participen los procesos de pensamiento consciente. Entonces, el cerebro produce instantáneamente un pensamiento sexual, que si no se alimenta, desaparecerá solo. El problema viene cuando, a conciencia, le alquilamos la mente a ese pensamiento sexual, en lugar de echarlo fuera.

Quizás no puedes evitar ese primer «instinto-reflejo» que tu cerebro registra cuando esa persona atractiva pasa cerca. Sin embargo, cuando esa información es enviada a tu mente consciente, tienes que tomar control de esa idea y desecharla de inmediato. Cuando la «idea» se convierte en un pensamiento consciente, solo tienes unos tres segundos para decidir qué vas a hacer con esa propuesta en tu mente.

Es aquí donde se da el paso crítico. Dependiendo del entrenamiento en dominio propio que tengas, lo echarás fuera con éxito o lo seguirás alimentando. Es probablemente a esto a lo que Pablo se refiere en Romanos 12.2 (TLA): «Y no vivan ya como vive todo el mundo. Al contrario, cambien de manera de ser y de pensar». Esta es una invitación urgente del Espíritu Santo a cambiar lo que pensamos y la manera en que procesamos lo que pensamos. Cuando renuevas tu mente estás reprogramando tu sistema de ideas y pensamientos a través de la Palabra.

Además, también estás reprogramando la forma en que procesas los datos. Antes de aceptar esa invitación del Espíritu Santo, actuabas y *luego* pensabas en las consecuencias. Ahora, no permites que lo que piensas se convierta en una idea dominante. La identificas, la cancelas, le ordenas a tu mente y le informas que ella no está autorizada para darle lugar a esa idea, imagen o pensamiento sexual impuro. ¡Una gran y vital diferencia!

Cuando haces eso, estás reprogramando tu mente, estás despidiendo al copiloto corrupto, estás desactivando el piloto automático, estás introduciendo datos nuevos a esa computadora y le estás diciendo: «¿Sabes qué? Tengo noticias para ti... a partir de ahora ya no piensas lo que te da la gana. Yo tengo el control. Tú solo me vas a obedecer». Con ello le estás asignando nuevas guías a tu mente, por lo que ella las comienza a procesar y almacenar.

Cuando vuelve a presentarse el mismo estímulo sexual inapropiado, la mente renovada —reprogramada en Cristo—, reacciona y responde: «Aquí hay algo contaminado. Esta imagen, idea o pensamiento contiene el virus de la infidelidad. No lo abras». Esos datos son puestos al servicio del Espíritu Santo y este los antepone a tu conciencia para que puedas tomar una decisión sabia e inteligente.

Eso fue lo que ocurrió con José. Cuando la esposa de su patrón se le metió a la habitación con el modelito transparente de Victoria's Secret, titubeó por un rato. Sin embargo, lo que estaba en su mente fue más contundente que lo que le estaban proponiendo. La mente consciente de José tenía el control. Era una mente bajo su dominio. Por eso José gobernó bien a Egipto, porque ciertamente había aprendido primero a gobernar su mente.

Tal vez estés pensando: «Eso es muy fácil decirlo, pero a la hora de la verdad, no lo es practicarlo». Y tienes absolutamente toda la razón. Es por eso que tienes que reprogramarte todos los días. Personalmente utilizo y recomiendo a mis pacientes un método tan antiguo como el cielo. Ante cualquier situación «sospechosa», disciplino mi mente diciendo en voz alta: «Llevo cautivo este pensamiento a la obediencia a Cristo» (2 Corintios 10.5, paráfrasis) y «Yo tengo la mente de Cristo» (1 Corintios 2.16, paráfrasis). Te aseguro que te sorprenderá el efecto inmediato que provocan estos decretos cuando los pronuncias con autoridad. Siempre recomiendo que la persona lo verbalice, lo diga y lo hable de forma audible. No te limites a repetirlo solo en tu mente. Las declaraciones mentales quedan en el mismo rango de la idea o la imagen que quieres neutralizar. Es posible que no sea suficiente. Tienes que declararlo, hablarlo.

Al hablar, el efecto es multiplicador. Al decirlo en voz alta, multiplicas el mensaje por tres: (1) usas el pensamiento correctivo inicial; (2) usas la vocalización o decreto de ese pensamiento correctivo; (3) produces la voz de comando del decreto de corrección y santificación que has hecho. Finalmente tu oído interno lo escucha y se repite el ciclo.

En esencia, el problema no está en el «instinto-reflejo» que registra a una figura, a una persona o a un pensamiento. Ese no es el problema. El asunto radica en lo que haces con eso que ya pasó. Es después de esas primeras décimas de segundo, cuando la idea se convierte en pensamiento formal, que Jesús interviene y te recuerda: «Si alquilas tiempo y espacio a ese pensamiento de "codicia" por una mujer que no es la tuya (o un hombre que no es el tuyo), se convierte en infidelidad en tu mente».

PERFILES DE LA INFIDELIDAD

Toda infidelidad es pecado. Toda. Sin embargo, la experiencia de la infidelidad puede darse en perfiles variados. Desde el típico «infiel accidental» hasta el «infiel coleccionista». Definamos cada uno de estos perfiles para ser más prácticos y eficaces. Y recuerda que, aunque hablo en género masculino, es cierto también para las mujeres.

Llamo «infiel accidental» al clásico paciente que, en efecto, describe su acto de infidelidad como algo aislado, y me dice: «Pastor, es que fue solo una vez, fue algo de un momento, cuando vine a darme cuenta ya había ocurrido». O sea, la infidelidad es ocasional o momentánea.

Cuando se mezcló la oportunidad con un pensamiento llevado a la acción.

El «infiel coleccionista» es el individuo que ha hecho de la infidelidad un estilo de vida. Este tipo de infiel trata de demostrarse que es irresistible. Su sentido de satisfacción radica en la cantidad de amantes que pueda coleccionar. Es una especie de afirmación enfermiza. Lo hace para probar una seguridad que no tiene, ante gente que no le importa y con amantes de muy baja estima. Sus infidelidades, más que un fin, son un medio para probar su capacidad de conquista. En el caso de la mujer, es para probar que aún puede provocar pasiones y que es capaz de hacer enloquecer a un varón. Y mientras más importante sea el estatus de esa «presa», más realizada ella se sentirá. Por esa razón los líderes, jefes, ministros, sacerdotes, empresarios, gerentes y famosos son un continuo blanco y objetivo. Si tienes duda, relee las historias de Tiger Woods, Bill Clinton, Oscar de la Hoya o Arnold Schwarzenegger. Curiosamente, en estos casos, se dio el fenómeno de «infieles coleccionistas» conquistados por «infieles coleccionistas» féminas.

En todos los casos, los infieles coleccionistas son proyecciones de los «niños asustados» o las «niñas asustadas» que llevan por dentro. El varón proyecta una imagen de macho, muy seguro de sí mismo, pero en su interior hay un chico inseguro y muchas veces maltratado, que nunca sanó. Ella, por su parte, busca ser el centro de atención de todos. Le gusta sentirse deseada por los hombres y envidiada por las mujeres. Son obsesivas con la seducción del macho. Aunque no se acueste siempre con su «presa», le fascina saberse pensada, deseada y ser el blanco del deseo del macho de turno.

Por otro lado, tenemos el perfil del «infiel racionalizado». Este es el individuo (hombre o mujer) que asegura que todo lo que le está ocurriendo era plan de Dios o del destino que pasara, ya sabes, «hay un propósito más allá». Como bien sugiere el nombre, este perfil se basa en el mecanismo de defensa de la «racionalización». La pareja adúltera vive una experiencia «amorosa única», «Nadie jamás podrá entender este amor que sentimos», «Es imposible que Dios se oponga a lo que estamos viviendo», «solo Dios puede comprender este amor», bla, bla, bla... «Ella es mi alma gemela». Están claramente racionalizando para justificar sus acciones.

En el caso concreto de la infidelidad, el «infiel racionalizado» intenta silenciar la confrontación del Espíritu Santo con su pecado. Por lo general, incluirá una explicación «lógica» que justifique lo que está viviendo. Los amantes viven bajo una especie de «encantamiento». El doctor Bernardo Stamateas plantea lo siguiente: «El secreto y la prohibición que los une hace que el deseo sea mayor. Embriagados de amor y hechizados, se preguntan aun, si la voluntad de Dios no será este sueño de amor».[4]

Los amantes infieles construyen explicaciones y justificaciones a veces muy coherentes, desde un punto de vista lógico, para lo que hacen. Y lo hacen sabiendo que la infidelidad está reñida con los valores éticos, internos, sociales y, sobre todo, con la ley de Dios. Algunas de las excusas que hemos escuchado en nuestras oficinas son: «Es que mi esposo es un engreído, nunca piensa en mí, no me atiende», «Después de todo, yo también merezco la oportunidad de ser feliz. Ni a mi esposa ni a mis hijos les va a faltar nada. Es mejor para ellos que me vaya con mi amante, así no van a ver tantas peleas en la casa». Y, claro, muchas veces esas racionalizaciones de la conducta lo que intentan es silenciar el sentimiento de culpa por saber que están violentando una ley divina.

INFIDELIDAD: INFIEL EN LO QUE DA

La gran mayoría de las mujeres infieles a sus maridos lo hacen buscando intimidad emocional. La mayoría de los hombres infieles buscan intimidad física. O sea, uno tiene apetito emocional y el otro, sexual. De acuerdo con la revista *Christian Counseling Today*, sesenta y siete por ciento de las mujeres ha tenido una o más aventuras prematrimoniales o extramaritales. Si te preguntas por qué tantas se arriesgan en esas aventuras, la respuesta —aunque complicada—, también puede ser muy simple: Sus esposos no parecen estar cubriendo sus necesidades emocionales.

La ecuación es: los hombres «dan amor» para recibir sexo; las mujeres dan sexo para recibir «amor». Los hombres son estimulados por lo que ven; ellas por lo que oyen. Ellas se cansan de la desconexión emocional, y si llega alguien que las escucha y no hay carácter ni dominio propio, comienza la «danza» de la infidelidad.

Ellos lo que quieren es probar que no se han muerto. A veces es con una desconocida, otras veces con una buena amiga, con la líder o la hermana de la iglesia. En ocasiones, se trata de una compañera que «lo entiende»; en otras, de alguien a quien odia. La otra persona es lo menos importante. La raíz es que siempre trata de probarse a sí mismo que está vivo. Cuando es un hombre joven, lo hace para demostrar que ya tiene edad. Cuando es un hombre mayor, para probar que aún le queda edad. Tanto para ellas como para ellos, la infidelidad siempre es excitante, pero al final, las consecuencias son el dolor, la vergüenza y la destrucción.

¡PERO SI ES MÁS FEA QUE YO!

Es importante entender que un gran número de parejas infieles que han llegado a las relaciones sexuales adúlteras no se centran en el aspecto sexual. Muchos son infieles con personas menos atractivas sexualmente que los cónyuges engañados. La esposa engañada de uno de esos maridos infieles un día me dijo: «Lo más que me duele es que ella (la amante) es más fea que yo». Es que no siempre se trata de lo físico. Es tal vez la «conexión emocional». Ciertamente existen muchos factores que llevan a las personas a la infidelidad. ¡Ninguno de ellos la justifica! Ninguno.

Tomemos el caso de Carla. Ella dejó a su esposo, físicamente saludable, por un caballero con impedimentos físicos que no le permitían cumplir a cabalidad su actividad sexual. Cuando le pregunté qué la había motivado a tomar la decisión de engañar a su esposo, me dijo: «Antonio y yo nos entendemos bien. Tenemos una excelente comunicación. Podemos estar semanas solo conversando y compartiendo la vida juntos, sin sexo». Carla había sido la enfermera encargada de Antonio por un par de años, antes de comenzar su relación. El día que acudió a vernos, Antonio llevaba tres meses de haber muerto. Sin embargo, Carla decidió seguir su vida sola. No quiso regresar con su esposo. La razón que me dio me estremeció: «No quiero volver a vivir la soledad que viví antes de conocer a Antonio».

Hoy estamos viendo con demasiada frecuencia que muchas mujeres se están divorciando o abandonando a sus esposos por la misma razón por la que se casaron con ellos: para no estar solas. Los hombres, por su lado, se separan antes de divorciarse. A veces, años antes de un divorcio, el hombre ya ha comenzado a ensayarlo con la infidelidad. Y lo triste de eso es que tanto ellas como ellos son víctimas de un gran engaño. De una infame trampa. El pecado sexual siempre nos muestra una entrada, jamás una salida. Te muestra lo atractivo, lo novedoso, lo excitante, pero nunca te muestra los hijos destrozados, la familia dividida, el daño al cuerpo de Cristo. El impacto espiritual que causa sobre la descendencia.

«ESTA VIDA QUE ME MATA»

Un amigo, líder de una organización cristiana muy importante en el sur de Miami, me llamó un lunes, muy tarde en la noche. Contesté el teléfono porque reconocí su número. Al otro lado escuché: «Lemuel, necesito verte urgentemente. Tiene que ser hoy». Sonaba realmente desesperado. Y eso me extrañó, pues él suele ser una persona más bien relajada y tranquila. Le dije: «Son las once de la noche de mi día libre. Pero, no te oyes bien, así que voy a suspender mi noche de descanso. Ven que quiero verte. Sea lo que sea que te esté pasando, estoy contigo». Le di instrucciones para que condujera a mi oficina y allí nos encontraríamos. Manejó más de una hora desde donde vivía hasta la ciudad donde están nuestras instalaciones. Llegó a mi oficina pasada la media noche.

Por las cámaras de seguridad, podía ver cómo arrastraba sus pies, mientras caminaba pegado a la pared del corredor como si quisiera empujarla. Subió tambaleándose al segundo piso, donde está mi oficina, y se dejó caer en la silla de mi consultorio. Su rostro estaba empapado en lágrimas. Y entre sollozos, me dijo: «Jamás me hubiera imaginado lo que acabo de descubrir. Mi esposa me es infiel con uno de mis discípulos. ¡No sé qué hacer! ¿Qué hago con esta vida que me mata?»

La pregunta es: ¿por qué están pasando estas cosas dentro del pueblo de Dios? ¿Por qué siguen descubriéndose más y más casos como estos entre líderes, pastores y sacerdotes? ¿Por qué hemos aprendido el libreto religioso correcto para ocultar lo que nos está matando por dentro? Nos hemos perfeccionado en el arte de construir la imagen religiosa correcta. Somos especialistas en apariencias, pero por dentro nuestras historias nos están matando. Estamos muriendo de éxito externo, pero agonizando de fracasos morales adentro. No es «religiosamente correcto» confesar o preguntar acerca de lo que nos está matando. No es «religiosamente correcto» predicar, enseñar y educar al pueblo de Dios en cuanto a sexualidad y espiritualidad. Para muchos, eso es herejía.

Sin embargo, mientras eso ocurre «nuestro pueblo se casa y se divorcia porque le falta conocimiento». Nuestras jóvenes se embarazan solteras porque les falta conocimiento. Nuestros muchachos embarazan a sus novias y amigas porque les falta conocimiento. Escondemos nuestros desastres maritales para que en la iglesia nadie nos juzgue. Hablamos la jerga religiosa, vestimos la indumentaria puritana, condenamos al pastor o al líder recientemente descubierto en alguna indiscreción moral, para anestesiarnos y sentirnos mejor.

Sin embargo, no nos atrevemos a encarar nuestras deficiencias en el tema de la sexualidad. Mucho pueblo de Dios está muriendo por dentro porque lo que no se confiesa, no se sana. Y lo que no se sana, se infecta y lo que se infecta, si no se atiende... mata.

Nuestra generación se ha hecho experta en confeccionar una imagen religiosa exterior. El problema con eso es que ese disfraz incluye el silencio generalizado de aquellas cosas que nos están controlando. En términos médicos, cuando tienes una condición interna, aunque vayas fielmente a ver a tu doctor, si no le hablas de lo que te está pasando, no hay forma en que te pueda ayudar. Cuando le ocultas información a tu médico, corres un gran peligro. Pero más peligroso aún es cuando le mientes sobre lo que en verdad te está molestando en tu interior.

Eso es exactamente lo que estamos haciendo con Dios. Vamos fielmente a la iglesia. El evangélico va a sus servicios, el católico va a su misa. Pero no nos estamos relacionando con Dios. No estamos siendo sinceros con el Dios que nos diseñó. Vamos al médico divino, el único que nos puede sanar, pero pretendemos que todo está bien. Con nuestra rutina religiosa mentimos, ocultamos información de lo que nos está ocurriendo. Nuestros matrimonios se están secando y no sabemos por qué. Nuestras relaciones se han vuelto insípidas y monótonas, y nadie sabe qué hacer.

¡Llegó la hora de reconquistar y revitalizar nuestras relaciones matrimoniales! Vamos, intencionalmente, a embellecer la vida matrimonial. Tu compañero o compañera es un regalo de Dios y, como tal, hay que cuidarle y amarle.

PARA QUE ESTÉS BIEN...

Si te sientes en «peligro» de caer en una relación adúltera, te invito a seguir los siguientes consejos. Primero, y sobre todo, debes buscar ayuda profesional con tu pareja. Es un proceso por el que ambos tienen que pasar. Luego...

1. **Recuerda que donde no hay secreto, no puede haber mentira.** Si existe alguna relación en tu vida de la que no puedes hablar, entonces tampoco debes tenerla. Tienes que hablar con tu cónyuge e informarle *ahora*, antes de que sea demasiado tarde.

2. **Si ya comenzaste la relación adúltera, ahora es el momento de terminarla.** Confiesa y apártate. «El que encubre sus pecados no prosperará; mas el que los confiesa y se aparta alcanzará misericordia» (Proverbios 28.13, RVR60).

3. **Haz todo lo que esté a tu alcance para alejarte por completo de esa persona, relación o conducta.** En estos asuntos no puede haber cosas «a medias». Nada de que ahora «vamos a ser solo amigos». Por completo significa totalmente. No hay punto medio en esto. Si es necesario, cambia números de teléfono, email, cuentas de Facebook, Twitter o bloquéalas.

4. **Busca a una persona de tu absoluta confianza a quien puedas rendir cuentas de tus acciones.** Alguien a quien puedas recurrir en cualquier momento si te sientes vulnerable o «en peligro». Alguien que te ayude en este difícil proceso de restauración y te acompañe en oración.

5. **No compares la intimidad sexual con tu cónyuge con el acto sexual adúltero**. Es absolutamente injusto para tu pareja. La relación adúltera está plagada de fantasías. Ahí no hay preocupaciones, realidad ni problemas. Todo parece ser «color de rosa». Comparar ambas situaciones no tiene ningún paralelo.

6. **Vuelve a honrar el pacto que hiciste con tu cónyuge cuando se casaron**, aunque él o ella ya no se parezca a la persona de la foto del día de bodas.

7. **Con mucho trabajo, dedicación, perdón y comunicación** es posible restaurar un matrimonio luego de una infidelidad. Lo he visto muchas veces. Pero va a costar sacrificio, esfuerzo, lágrimas, conversación. La intervención de Dios es esencial y tienes que abrirle la puerta de par en par para que haga lo que tenga que hacer. No lo que tú quieres, lo que Él tenga que hacer. Es posible que al otro lado de este proceso puedas disfrutar una relación conyugal como hacía tiempo no la experimentabas. Pero tienes que dar el primer paso. Ahora.

CAPÍTULO 8

HABLEMOS DE LA PORNOGRAFÍA

S i al terminar de leer este capítulo solo recuerdas una cosa, que sea esta: la pornografía no tiene nada de privada. Nada. Es una práctica que tiene consecuencias públicas en todos los niveles.

Escuchamos a menudo la idea generalizada que afirma que consumir pornografía en la «intimidad» no le hace daño a nadie. Falso. La pornografía representa un serio peligro para la familia, la sociedad, la espiritualidad de todos en el hogar y aun para la sexualidad misma. Con todo el respeto que mereces, tengo la responsabilidad de decirte que nadie tiene derecho a someter a su familia a un riesgo tan inmenso como este. Ningún hombre tiene derecho a exponer a su esposa a tal humillación. Ninguna mujer tiene derecho a exponer a su esposo y a sus hijos al daño que la pornografía le va a causar en su salud mental y espiritual.

Y como no quiero caer en la típica postura de ataque, juicio y condenación contra el adicto a la pornografía o contra el usuario casual de ella, me voy a concentrar en presentarte los hechos y evidencias de lo peligroso y fatídico de esta práctica. Y sobre todo, te presentaré lo que la Biblia dice sobre cómo ser libres de esta conducta tan adictiva.

Por los casos que hemos atendido en nuestros grupos de apoyo, sé de sus luchas y sé también del amor y paciencia que se requiere para sanar las heridas provocadas. La mejor recomendación que daré en este capítulo sobre el tema de la pornografía es no consumirla. Y las razones son obvias:

> *Cualquier otro pecado que el hombre cometa, está fuera del cuerpo; mas el que fornica, contra su propio cuerpo peca. (1 Corintios 6.18,* RVR60*)*

> *Pero fornicación y toda inmundicia, o avaricia, ni aun se nombre entre vosotros, como conviene a santos. (Efesios 5.3,* RVR60*)*

> *Ustedes ya conocen las instrucciones que les dimos con la autoridad que recibimos del Señor Jesús. Dios quiere que ustedes vivan consagrados a él, que no tengan relaciones sexuales prohibidas, y que cada uno de ustedes sepa controlar su propio cuerpo, como algo sagrado y digno de respeto. Deben dominar sus malos deseos sexuales, y no portarse como los que no creen en Dios. (1 Tesalonicenses 4.2–5,* TLA*)*

La pornografía ha probado ser más adictiva que el uso del alcohol, drogas narcóticas o cualquier tipo de sustancia adictiva en el mundo de hoy. Justo esta semana, mientras escribo este capítulo, sesenta millones de personas están visitando sitios pornográficos en la Internet en el mundo entero. De esos sesenta, cerca de treinta millones se encuentran entre Canadá, Estados Unidos, Centro y Sur América.[1]

Me llama mucho la atención que en países tradicionalmente cristianos (católicos o protestantes), vive la mitad de los consumidores de este material pornográfico. Y esa cifra no incluye a los que compran material impreso ni a los que lo consiguen en tiendas de alquiler de películas. Tampoco incluye a los que producen su propio material con cámaras escondidas, ni a los piratas que venden el material en el mercado negro.

Los países que encabezan la lista de consumo pornográfico son: Estados Unidos (el país más evangélico de América); España (el país más católico de Europa); México (el país más católico del mundo); Alemania y Gran Bretaña (baluartes del protestantismo anglicano); y Francia e Italia (el país anfitrión del Vaticano). ¡Algo anda mal con la religión y con la salud moral de estos pueblos que tanto presumen de su fe cristiana! Como decía Gandhi: «No creo que el problema sea el Cristo de los cristianos, es de algunos de los cristianos que siguen a Cristo».

En la página web «La nota roja» de México, en junio del 2011 apareció publicada la siguiente nota: «En enero de 2011, México ocupaba el primer lugar en explotación infantil. Ahora no solo explotan a niños menores de edad, sino que también México consume pornografía infantil. Durante el año 2010, México, España y Estados Unidos fueron los países que consumieron la mayor cantidad de pornografía infantil. Los resultados se dieron gracias al programa "Florencio", que se encargó de rastrear el intercambio de mercancía entre páginas web que descargaban archivos P2P. Durante el rastreo se registraron más de cuatrocientos mil archivos extraídos de Estados Unidos, España y México. Estas estadísticas representan un deterioro más en la sociedad en que vivimos. ¿Dónde quedaron los valores y la educación? Es penoso que el país se destaque internacionalmente de esta manera, en fin. Se esperan leyes para proteger a los menores de edad y controlar el consumo de pornografía infantil».[2]

Orlando —nombre ficticio—, fue sorprendido por una patrulla de la ciudad mientras se masturbaba cerca de un parque donde jugaban jovencitas de escuela intermedia y superior. «No puedo evitarlo. Es algo más fuerte que yo», les dijo Orlando a los oficiales de la policía del condado. Esa era la tercera vez que al joven de veintidós años lo arrestaban por lo mismo. Ahora iría directo a la cárcel, sin derecho a fianza. Su bebé de tres meses no conocerá a su padre si no a través de un grueso cristal de la penitenciaria estatal de la Florida. Hoy, Orlando enfrenta nuevos cargos, entre ellos la violación de una vecina, menor de edad. Cuando la juez nos lo asignó para que lo asistiéramos con ayuda espiritual, nos contó que todo empezó con la pornografía, a través de Internet, cuando tenía doce años.

Cuando Orlando dijo: «No puedo evitarlo. Es algo más fuerte que yo», estaba afirmando la verdad. Él construyó una fortaleza espiritual corrupta que lo esclavizó y lo dominó. Y eso es precisamente lo que hace la pornografía. Es otra «anaconda» asesina que enreda a su presa, y la aprieta cada vez con más fuerza, hasta asfixiarla. Siempre quiere más. No se rinde hasta ver a su presa hundida en el pantano de «lodo cenagoso», en «el pozo de la desesperación» y la muerte.

Según un estudio de la Universidad de Queens en Ontario, Canadá, cerca de noventa por ciento de los violadores estudiados eran usuarios de pornografía. El cincuenta y siete por ciento confesó que las películas pornográficas habían sido su inspiración para cometer sus ataques sexuales a las víctimas.

Como ya mencionamos, el cerebro es el órgano más poderoso de nuestro cuerpo y la pornografía lo va contaminando con sus imágenes. Estas van creando ciertas reacciones químicas a nivel de las neuronas y se van produciendo sensaciones de intensa excitación sexual. Poco a poco el cerebro se va acondicionando a ese método de excitación artificial, hasta crear una dependencia de esa conducta. Entonces, lo que fue diseñado por Dios para el disfrute conyugal, es desviado hacia una conducta perversa, contraria a su propósito.

Así, tenemos el agravante de una conducta que ahora se ha vuelto adictiva y codependiente de estos estímulos visuales y sonidos pre producidos con ese fin. Con el tiempo, la persona necesita más y más. Llega un momento en que pasa de espectador a actor participante. Comienza a ensayar sus conductas con personas reales. Muchas veces es la esposa o el esposo. Luego, cuando eso no resulta suficiente, con personas fuera del matrimonio. Y, en algunos extremos, algunos individuos han llegado a tener relaciones íntimas con personas del mismo sexo, niños (pedofilia) y hasta animales (bestialismo).

Y sí, mi querido lector, la pornografía terminará por secuestrar tu voluntad. Te atará y no te dejará si no haces algo radical. Sin la ayuda del Señor y de un buen consejero espiritual, te destruirá a ti y dañará a todos en tu familia.

LA BIBLIA ES CLARA

Pero los cobardes, los incrédulos, los abominables, los asesinos, los que cometen inmoralidades sexuales, los que practican artes mágicas, los idólatras y todos los mentirosos recibirán como herencia el lago de fuego y azufre. Ésta es la segunda muerte. (Apocalipsis 21.8, NVI)

Sin embargo, a pesar del claro juicio que expresa este versículo, hay buenas noticias. Tenemos en nuestro ministerio muchísimos testimonios de hombres, mujeres y jóvenes que hoy son libres de la serpiente venenosa de la pornografía. ¡Sí, se puede ser libre!

He aquí algunas historias exitosas de varios vencedores contra la pornografía:

¡Hola! Me llamo Ariel. Viví mucho tiempo escondido en mi pecado. Sufrí maltrato sexual de pequeño y empecé con la masturbación a raíz de la presión de mis amigos; eso me llevó a buscar la pornografía, primero en la televisión y luego en Internet. Si bien es cierto que nací en un hogar cristiano e intentaba buscar a Dios y servirlo, mis pecados sexuales me mantenían en depresión y culpa. Poco a poco comencé a buscar cosas más y más sucias, cosas a las que jamás pensé que llegaría. Pero la pornografía es así, me impulsaba a buscar más.

Estaba realmente cansado de mi pecado pero no sabía cómo enfrentarlo. Luego de muchos años, alguien me refirió a los Grupos de Apoyo L.I.F.E., en el Auditorio de la Fe. Fui a la primera reunión sintiéndome desesperado pues pensaba que nunca podría lograrlo. Dios usó su Palabra y a mis compañeros y mentores, por lo que descubrí que solo había estado pensando en mí mismo, que no había estado buscando libertad. Que solo aparentaba conocer a Dios. Comencé a desarrollar nuevas amistades en el grupo, nuevos hábitos de lectura y oración.

Hoy soy una persona libre. Llevo 420 días sin mirar pornografía y, a pesar de que muchos días sentí que no lo iba a lograr, el Espíritu Santo me mostró cómo su poder nos ayuda cuando somos sinceros y valientes contra la tentación. Disfruto de mi relación con mi esposa, con mi Dios y con todos mis compañeros de L.I.F.E. ¡Sí, hay libertad y está en Cristo!

—Ariel

Cuando era muy pequeño, seis o siete años, fui iniciado en las relaciones sexuales por una joven casi adulta. Llegué a mi adolescencia y empecé a interesarme por las películas de contenido erótico. Luego experimentaba con mi cuerpo para sentir algún tipo de placer mientras miraba revistas pornográficas. Eso me atrajo tanto que lo hacía hasta tres veces al día y casi a diario. Todo fue progresando y me interesaban todas las mujeres, sin importar la edad que tuvieran. Eso me llevaba a la masturbación continua usando mis fantasías mentales. El tiempo pasó y el pecado siguió aumentando. Hasta que llegué a convertirme en un pedófilo. Fui bajando más y más en la inmoralidad. Mi vida era un asco. Me sentía despreciable. Llegué a desear la muerte.

Un día, escuchando un programa de radio, hablaron de una página en Internet llamada www.libresencristo.org, para personas con este problema. Y me decidí a buscar ayuda. Empecé a tomar los cursos que allí ofrecían, pero luego me encontraba en el pecado nuevamente pues no continuaba pidiendo la ayuda de Dios.

Finalmente, empecé a relacionarme con Dios en mis oraciones y con la Palabra todos los días. También, a través de las prédicas del pastor, empecé a vivir dependiendo cada momento de Él, y orando en mi mente, cada vez que tenía pensamientos de lujuria y lascivia. Todo iba bien. Pero, en el día sesenta y cinco de uno de los cursos, caí otra vez. En esa ocasión, pedí ayuda inmediata a mis mentores y ellos me mostraron que Dios sigue amándome y que tiene el control. Me animaron a levantarme en el nombre de Jesús. Y, por la gracia de Dios, así lo hice.

Hoy puedo decir no a cualquier tipo de pensamiento: pedofilia, zoofilia, homosexualidad, lascivia, lujuria, todo tipo de inmoralidad. Ya no soy esclavo, hoy digo no a todo eso. Jamás habría salido de ello si no hubiera sido por Cristo. Hoy sé que lo amo, que quiero servirle y quiero darle la gloria solo a Él. Gracias también a mis mentores y a «Setting Captives Free», muchas gracias. (http://old.settingcaptivesfree.com/spanish_freedom/).

—Anónimo

Si necesitas ayuda, al final del libro encontrarás la información para contactarnos por correo electrónico o teléfono. Estamos aquí para servirte.

LA MEDICINA DEL ESPÍRITU SANTO

Sin importar cuán inmerso te encuentras en esta adicción, si te decides con firmeza a salir de ella y buscas ayuda, te aseguro que hay esperanza para ti. El Espíritu Santo nos dejó la medicina.

Y esto erais algunos; mas ya habéis sido lavados, ya habéis sido santificados, ya habéis sido justificados en el nombre del Señor Jesús, y por el Espíritu de nuestro Dios. (1 Corintios 6.11, RVR60)

Ustedes viven siempre angustiados y preocupados. Vengan a mí, y yo los haré descansar. (Mateo 11.28, TLA)

Ustedes no han pasado por ninguna tentación que otros no hayan tenido. Y pueden confiar en Dios, pues él no va a permitir que sufran más tentaciones de las que pueden soportar. Además, cuando vengan las tentaciones, Dios mismo les mostrará cómo vencerlas, y así podrán resistir. (1 Corintios 10.13, TLA)

Mas en la multitud de consejeros hay seguridad. (Proverbios 11.14, RVR60)

Jesús les dijo a los judíos que habían creído en él: Si ustedes obedecen mis enseñanzas, serán verdaderamente mis discípulos; y conocerán la verdad, y la verdad los hará libres. (Juan 8.31–32, TLA)

Así que, hijo mío, escúchame; presta atención a mis palabras. No desvíes tu corazón hacia sus sendas, ni te extravíes por sus caminos, pues muchos han muerto por su causa; sus víctimas han sido innumerables. Su casa lleva derecho al sepulcro; ¡conduce al reino de la muerte! (Proverbios 7.24–27, NVI)

Te aseguro que con estas «recetas» de consuelo podrás emprender el camino a la sanidad y la restauración.

PARA QUE ESTÉS BIEN...

Permíteme invitarte a hacer esta oración para comenzar a liberarte de esta esclavitud:

> Padre, reconozco que me he enredado en la pornografía. ¡Necesito tu ayuda urgente! El pecado me ha atado. Por favor, hazme libre. Te pido perdón. Estoy arrepentido(a). Renuncio, cancelo y rechazo toda relación con, y atadura a, el espíritu de inmoralidad de la pornografía, la infidelidad, el adulterio, la fornicación y toda conducta semejante. Vengo a ti en el nombre de Jesucristo, mi Señor y Salvador. Amén.

Busca una iglesia cristiana y un guía espiritual que te conduzca por el camino de la renovación de la mente y los pensamientos. Lee la Biblia diariamente. Ora. Esfuérzate por edificar la mente de Cristo en ti.

CAPÍTULO **9** ─────────────────

HABLEMOS DEL ABUSO
SEXUAL

El abuso sexual es una de las tragedias humanas más antiguas en la sociedad. Ha sido la causa injusta del sufrimiento de muchos seres humanos, especialmente de miles de niños. Desde los tiempos bíblicos vemos evidencia de historias trágicas de abuso, violación e incesto. Y, lamentablemente, aunque el tiempo ha pasado, este no es un tipo de maltrato que se haya erradicado, nos atreveríamos a decir que ha ido en aumento.

Sin embargo, a pesar de lo doloroso que resulta este tipo de injusticia para sus víctimas, aun para ellos y ellas hay esperanza. Jesús, en su descripción del trabajo que vino a hacer aquí en la tierra, incluyó a las víctimas inocentes del abuso sexual cuando dijo: «El Espíritu de Dios está sobre mí, porque me eligió y me envió... para rescatar a los que son maltratados» (Lucas 4.18, TLA). Y si Jesús lo tiene en su «agenda de trabajo» puedes tener la seguridad que seguirá cumpliendo con esta tarea de amor.

¿QUÉ ES EL ABUSO SEXUAL?

Primero que nada, se le llama abuso porque es un acto de violencia contra lo más íntimo y profundo de la realidad existencial de un ser humano. El abuso sexual afecta el desarrollo de la personalidad y la vida de las personas abusadas, por lo cual las consecuencias les acompañan durante toda la existencia.

Cuando se da específicamente en la niñez, el atacante expone o estimula sexualmente a su víctima de distintas maneras. Los resultados son devastadores. Esos niños y niñas despliegan traumas en su desarrollo emocional, social, sexual y espiritual. Los traumas del abuso sexual van desde situaciones de vergüenza y humillación, hasta la repetición de la conducta por parte de la misma víctima, que luego puede convertirse en agresor.

Es importante aclarar que la exploración de las partes genitales entre niños para satisfacer su curiosidad infantil no es un abuso sexual. Hay etapas normales en la vida de los pequeños en las que ellos se tocan entre sí o a ellos mismos, como una manera natural de explorar sus cuerpos. Si bien es cierto que esas conductas deben ser vigiladas por los padres, mientras no existan las demás características de un abuso sexual, eso debe tomarse como parte del desarrollo normal de los chicos.

El abuso sexual se tipifica generalmente cuando está involucrado un adulto o un joven de mayor edad que utiliza su astucia y poder para aprovecharse del menor. En inglés se usa el término «grooming», que significa que el abusador va «preparando» o «envolviendo» lentamente a su víctima para que una vez que cometa el acto de abuso, el niño no crea que es tal cosa. De esa manera controlan asombrosamente la cabecita inocente de la criatura, que no tiene las herramientas necesarias para definir en su mente qué es lo que está pasando. Por lo general, esos abusos comienzan a una tierna edad, cuando los niños no tienen la más remota idea de lo que es sexo, caricias, abuso, ni nada por el estilo. Por ello, el abuso sexual infantil es la forma más terrible de traición a la definición de amor que tienen estas criaturas.

Alexander Lowen —reconocido psicoterapista estadounidense—, lo define de esta manera:

> *La persona que abusa de otra se acerca a su víctima como si le estuviera ofreciendo amor, pero luego se aprovecha de su inocencia y desamparo para satisfacer su necesidad personal. El aspecto más dañino de este delito es la traición a la confianza, pero la violación física agrega a esta acción destructiva una dimensión importante de miedo y dolor. Los individuos que sufrieron abusos o maltratos sexuales de cualquier tipo llevan las cicatrices de esa experiencia durante toda su vida. Lo más grave es la supresión de la experiencia por parte de la víctima debido a la vergüenza y repugnancia por lo sucedido. Sin embargo, cuando se suprimen esos sentimientos, el individuo queda con una profunda sensación de vacío interior y confusión. Las víctimas de abuso sexual no pueden entregarse a su cuerpo ni al amor, lo cual implica que no tienen posibilidades de encontrar satisfacción en su vida. El viaje de autodescubrimiento les resulta una aventura aterradora. Cuando tratamos a esas personas debemos ser especialmente conscientes de este problema.[1]*

El abuso sexual, especialmente en los niños, trastoca la identidad y crea una enorme confusión sobre el diseño original de Dios para cada uno de ellos. Las emociones son secuestradas y se produce un quebrantamiento en el espíritu del niño. El niño y luego, el adulto, experimenta daños profundos en su identidad espiritual, su alma y su cuerpo. Esa persona jamás volverá a ser la misma sin la intervención de un mentor espiritual y el trato directo del Espíritu Santo, que le revele el maravilloso amor de Jesús.

Hace un tiempo, vi un programa de *Oprah* en el que entrevistaba a varios agresores sexuales convictos por sus crímenes. En su entrevista, Oprah trataba de descifrar lo que había en la mente de esos individuos cuando cometieron sus delitos. Hubo uno en particular que me impactó. Por muchos años había abusado de una prima. Era un hombre joven y decía que, además de estar profundamente arrepentido por el daño provocado, entendía que además de abuso sexual, había cometido un asesinato. Ante el rostro curioso de Oprah, el joven dijo: «Cuando abusé de mi prima, no solo la dañé física y emocionalmente, sino que maté todo lo que ella pudo haber sido». No creo haber escuchado en mucho tiempo ni desde entonces una mejor definición para este crimen.

CÓMO PUEDEN AYUDAR LOS CONSEJEROS

Dependiendo de cuán traumática haya sido la situación, luego del abuso, vamos a tener a un ser humano de cuerpo presente y de mente ausente. La víctima divaga, se pierde y presenta mucha dificultad en concentrarse aun cuando está siendo ministrada o aconsejada. El ministro o consejero debe entender muy bien con lo que está tratando porque el proceso de conectarse con el paciente, en términos de lo que está viviendo, puede ser complicado, lento y frustrante. El sobreviviente del abuso sexual tiende a estar a la defensiva o esquivo. Desconfían —con toda razón— de cualquier figura de autoridad. Sobre todo si quienes les maltrataron fueron sus padres, padrastros, familiares, líderes espirituales o maestros.

En general, lo que ha ocurrido es que se ha producido un fenómeno de «retirada» del cuerpo; la víctima, a nivel inconsciente, crea un estilo de vida en el que la mente se «escapa» de la operación diaria del cuerpo. Por eso, siempre anda como distraída y sufre de problemas para concentrarse.

El consejero, terapista, mentor o ministro debe tener mucha paciencia para lograr que la persona le tenga una confianza razonable. Mientras más pequeño haya sido el niño al tiempo de ser maltratado, más grave será el daño a su personalidad. Si sufriste maltrato a muy temprana edad, es posible que ahora de adulto seas una persona extremadamente reservada y reprimida. Es absolutamente necesario y vital que busques ayuda profesional y espiritual para que puedas comenzar a caminar la larga jornada de restauración que requiere tu alma.

NIÑOS PRECOCES

El *Diccionario de uso del español*, de María Moliner, define el término «precoz» de la siguiente manera:

> **Precoz**: *(del latín «praecox, öcis») adjetivo. Se aplica a lo que se produce u ocurre antes de lo acostumbrado. Se aplica a los niños que se anticipan a su edad en su desarrollo o en alguna cualidad física o moral. Particularmente, en el desarrollo sexual o en el conocimiento de las cosas sexuales.*[2]

Esta es otra de las consecuencias del abuso sexual infantil. Los niños que son maltratados muy temprano, tienen un aparato sexual «sobre-excitado» que los empuja —muchas veces— a conductas y actitudes sexuales prematuras. Por ello hay niñitas que ya a los diez años están activas sexualmente. Y claro, su actividad sexual se enmarca en la idea equivocada que tienen de su sexualidad. Por otro lado, también se dan casos de niños que se convierten también en abusadores sexuales a temprana edad. Víctimas transformadas en victimarios. Estas son las terribles consecuencias en los niños que, al haber sido sobre estimulados sexualmente por sus maltratadores, ahora no saben cómo hacer para controlar sus impulsos sexuales antes de que puedan tener una idea de lo serio de sus actos.

Si eres padre o madre y notas alguna conducta que sugiera sobre estímulo sexual en tu hijo o hija, es muy importante que indagues el asunto, tal vez con la ayuda de un profesional. Es absolutamente necesario que converses con tu hijo o hija para tratar de determinar cómo se despertaron esos apetitos sexuales. Y vale el esfuerzo mencionar que no siempre se trata de personas, a veces puede tratarse de acceso a material pornográfico. Si ese es el caso, es vital que añadas controles de acceso a las computadoras y televisores de la casa. La negligencia también es un tipo de abuso.

NIÑOS QUE EXPERIMENTAN CONDUCTAS DE ADULTO

Seamos honestos, si controlar los apetitos sexuales y todos sus derivados entre adultos puede ser tan complicado, ¡cuán difícil lo será para un niño! En el caso de ellos, estamos hablando de conductas anormales y aberrantes.

En los adultos, los apetitos sexuales se producen cuando se genera un pensamiento. De ese pensamiento, se despierta un deseo. Este busca una descarga sexual, entonces la excitación recorre el cuerpo hacia abajo, entrando en el aparato genital para luego salir de él. En los niños, sus cuerpos no han madurado para poder tener la posibilidad de descargar la excitación genitalmente. Es decir, antes de que se desarrolle la capacidad para descargar la excitación por medio del orgasmo, los niños abusados sexualmente cargan sus órganos genitales con una fuerza sobre la que no tienen control.

El organismo de un niño no está listo para resistir o controlar la energía sexual a la que lo están obligando. Por lo tanto, va a ser víctima fácil de cualquier adulto abusador que se le acerque. El menor no sabe lo que está ocurriendo y está, obviamente, muy confundido. Por un lado, su sentido común —o lo que observan a su alrededor en otras relaciones saludables— le dice que «algo» en ese «compartir» no es bueno. No obstante, por otro lado, su pequeño cuerpo ha sido violado en su inocencia y pureza. Y eso lo deja totalmente expuesto e indefenso ante el abusador.

Lo terrible de todo ello es que el menor que ha sido maltratado sexualmente, queda con una memoria o sensación de sobre estímulo registrada a nivel celular en su cuerpo. O sea, no solo en el cerebro, sino también en su cuerpo. Las células del cuerpo grabaron lo que ocurrió, y recordarán y sabrán del abuso. En algunos casos, el cuerpo de ese niño buscará el placer nuevamente, en una búsqueda inconsciente por repetir el sobre estímulo. Así comienzan muchas veces las experiencias promiscuas y las conductas homosexuales.

El niño o la niña —ahora convertido en adulto— comienza de forma muy sutil y paulatinamente a experimentar «opciones» o «alternativas» que le exciten y ahora, con personas elegidas. Y el «elegido» no va a ser la persona que perpetró el abuso, sino el amigo, el amigo del amigo, el conocido o el desconocido; relaciones heterosexuales u homosexuales. No importa. Hay casos en los que no importa el «género» de la persona con la que se descarga esa energía sexual sobre estimulada por el abuso. La víctima querrá revivir o construir una experiencia sexual gratificante. Y «esta vez lo haré con quien yo escoja, nadie escogerá por mí».

CASOS DE LA VIDA REAL

Una paciente nuestra que fue víctima de su padre biológico desde los ocho hasta los diecisiete años nos contaba: «Yo sabía, de alguna forma, que lo que mi padre me hacía no estaba bien. Cuando se lo conté a mi madre, ella no me creyó. Ni tampoco me protegió. Mi vida de niña, adolescente y mujer fue robada por mi propio padre».

Guadalupe —nombre ficticio— fue violada por su progenitor a los doce años, robándole así su virginidad. Ella nos dijo: «No recuerdo los detalles. No sé si sentí dolor, no recuerdo si lloré. Sé que no me resistí. Solo obedecí porque era mi padre. Durante dos años continuó abusando de mí». En un momento, Guadalupe se armó de valor y lo enfrentó. Después de algunos meses, se inició sexualmente en una relación homosexual con otra chica.

El rechazo hacia su padre —y a todo lo que representaba en su vida— lo transfirió a la figura masculina en general. Casi sin percatarse, terminó involucrada en el lesbianismo. Fue así que conoció a Jesús. Y fue en la iglesia que buscó ayuda y unos consejeros, con corazón pastoral, la guiaron tiernamente hasta que logró romper su vínculo y atracción por la conducta homosexual.

Así también es la tragedia del incesto. Una muerte secreta, un sufrimiento lento e inmenso que puede durar años sin que nadie intervenga ni actúe. Y aun después que termina, deja a sus víctimas confundidas y desorientadas. No tienen ninguna definición de su identidad ante Dios y de su asignación en la vida. Son seres humanos rotos, quebrados, a los que el Espíritu Santo tiene que hacer de nuevo. Tras esa experiencia, entre setenta y ochenta por ciento de las víctimas de abuso sexual infantil quedan seriamente dañadas emocional y espiritualmente. Entre los casos que conozco personalmente, los únicos que han logrado salir adelante son hombres y mujeres valientes que han entregado sus heridas al Señor y que, al hacerlo, descubrieron el maravilloso amor de Jesús por cada uno de ellos.

Hoy Guadalupe es una mujer libre. Se casó y sirve al Señor en su iglesia. Sin embargo, la jornada fue muy difícil. Requirió todo su esfuerzo emocional, la decisión de perdonar y la renuncia al derecho de odiar a su padre. Hace unos años atrás, viajó desde Estados Unidos a su país natal para visitarlo y decirle cara a cara que le había perdonado. Hoy esta mujer valiente es una de las colaboradoras en un ministerio que apoya a personas víctimas de abuso sexual.

NOTA DE ALERTA

El abuso sexual infantil —y de todo tipo— ocurre en todos los niveles y por todas partes. Los abusadores son personas comunes y corrientes —padres, madres, maestros, entrenadores, abuelos, tíos, primos, abogados, carpinteros, doctores, mecánicos— que para nada despiertan la voz de alerta de primera instancia. Lo que sí han tratado de hacer los expertos es esbozar un perfil de sus víctimas, a saber: ochenta por ciento de las veces es una niña entre los seis y los quince años; el agresor es un varón (ochenta y seis por ciento) y se trata del padre (treinta y nueve por ciento) u otro familiar (treinta por ciento).[3] Sobre el incesto, según la fundación canadiense Marie-Vincent, «noventa por ciento de los incestos son ignorados».

En un salón de clases de cualquier escuela en Estados Unidos y Latinoamérica ahí mismo, a una cuadra de tu casa, te aseguro que hay menores que están sufriendo esta tragedia. Muchos de ellos callarán. ¿Cuántos? Nadie lo sabe a ciencia cierta. Si tienes la más mínima sospecha de que algún niño o niña está siendo maltratado sexualmente, tienes el deber moral de reportarlo a las autoridades de tu ciudad. Por favor, no calles. No necesitas tener evidencias contundentes. Una simple sospecha, una «vocecita» en tu interior que te esté diciendo que «algo» no está bien con esa criatura puede marcar una diferencia eterna en esa tierna vida. No dudes. Actúa.

PARA QUE ESTÉS BIEN...

Permíteme ofrecerte algunas ideas prácticas que pueden ayudarte si has sido víctima de abuso sexual o conoces a alguien que lo haya sido.

1. **Investiga y busca información** sobre todos los recursos de ayuda disponibles en tu comunidad: grupos de apoyo, iglesias, consejeros cristianos confiables y por lo menos un médico o psicólogo certificado.

2. **Renuncia a la culpa.** Si fuiste la persona maltratada, lo que ocurrió no fue tu culpa. Cuidado con la frase y la idea de «Si yo...». Si yo hubiera pedido ayuda antes. Si yo no hubiera confiado tanto en esa persona. Si yo hubiera sido más fuerte. Todos estos son pensamientos de condenación que no ayudan en nada. Si es tu hijo o hija quien ha sido víctima de abuso, mi recomendación sigue la misma línea de pensamiento. No te condenes preguntándote una y otra vez: *¿Por qué lo dejé con esa persona? ¿Por qué fui tan confiada?* Sé que son preguntas que parecen muy lógicas, pero ese pensamiento de culpa ya no resuelve nada. ¡Actúa! Busca ayuda para tu criatura y reporta el delito a las autoridades. Pero sobre todo, apoya incondicionalmente a tu hijo o hija. Demuéstrale de todas las maneras posibles cuánto le amas. Y no guardes silencio. Actúa contra el agresor en los foros legales que puedas.

3. **Busca apoyo.** No eres la única persona en el mundo que ha sido abusada ni que conoce a alguien que lo haya sido. Es una realidad muy triste, pero a la misma vez abre las puertas para encontrar

mucho apoyo. No eres la única persona que siente vergüenza y dolor por lo ocurrido. Y no eres la única o el único que decidió en un momento sufrir en silencio. Hay mucha gente que ha superado las consecuencias de tan terrible delito y que puede ayudarte a emprender tu jornada de perdón, sanidad interior, superación y autoestima espiritual.

4. **Ora por lo mejor y evita lo peor.** Eso significa que busques fuerza y sanidad hablando con Dios; niégate al rencor y al resentimiento por lo que te ocurrió. Renuncia de manera consciente a la amargura. Cuando te amargas es como tomar veneno y esperar que sea tu enemigo el que muera. Mientras, vas muriendo tú poco a poco.

5. **Lee la Biblia a diario.** Esta será tu dosis de terapia y sanidad para cada día. De ella mana la paz, la restauración, la reconciliación y la inspiración para seguir adelante. Y no olvides jamás las palabras del Maestro en 1 Pedro 5.7: «Depositen en [mí] toda ansiedad, porque [yo] cuido de ustedes» (NVI, adaptado por el autor). Ese «ustedes» te incluye a ti.

HABLEMOS DE LA HOMOSEXUALIDAD

Cualquier cristiano, sea líder, pastor o un feligrés común y corriente que haya ignorado, subestimado o rechazado el tema de la homosexualidad, debería pedirle perdón a quien se identifica o se haya identificado como homosexual o gay. En lo particular quiero pedir perdón por todo ataque o sermón insultante, por las burlas u ofensas que hayamos pronunciado o provocado contra ustedes. Perdón también a sus familias y amigos. Nunca debimos ignorar la seriedad de sus conflictos ni de sus decisiones. Perdón.

Debo aclarar que en realidad no existe tal cosa como un género «homosexual». Todos los seres humanos somos biológicamente heterosexuales. Lo que hay son personas que sienten atracción, deseos, apetitos sexuales o eróticos hacia otros del mismo sexo. Sin embargo, para no perder al lector, utilizaré la palabra homosexual como popularmente se entiende en nuestra cultura latina, refiriéndome a la persona en general y a la conducta en particular.

Nuestra cultura religiosa está plagada de prejuicios y pronuncia mensajes confusos con relación a este tema. Eso hace que las personas y las familias sufran en silencio y con confusión cuando hay alguien en el hogar con preferencias o tendencias homosexuales.

ALGUIEN A QUIEN ADMIRÉ MUCHO FUE GAY

Al momento de escribir este segmento es la una de la madrugada de un domingo de verano. En algunas horas enseñaría a la iglesia una serie que he titulado: *Decisiones que Dios no tomará por ti*. Ya acostado, como suele ocurrir, repaso en mi mente el sermón que voy a predicar, los versos pendientes por recibir del Espíritu Santo o alguna instrucción adicional sobre el tema.

Sin embargo, esa madrugada en particular mi mente se remontaba a mis años de estudiante en la escuela superior. Vino a mi memoria el recuerdo de un amigo, a quien llamaré Willy. Este era un talentoso líder de los jóvenes cristianos de mi escuela a quien admiré mucho. Era músico, cantante, compositor, predicador y muy popular entre las chicas a quienes todos queríamos impresionar. Él era el «modelo» a seguir por los jóvenes cristianos de mi pueblo. Todos amábamos a Willy. Los jóvenes tratábamos de ser como él y los adultos lo querían como amigo de sus hijos o como novio de sus hijas.

Confieso que algunos de nosotros sentíamos una especie de «envidia santa» por Willy. Mi amigo era una rara combinación de energía y creatividad juvenil, y a la vez mostraba mucha madurez y amor por las cosas de Dios. No he conocido a muchas personas como Willy.

La fila de chicas esperando ser «la elegida» para ser novia de Willy era larga. Finalmente, eligió a Paty, una simpática y bella chica cristiana que parecía inalcanzable. Era hija de un importante empresario de la construcción de la zona en que todos vivíamos. Venía de un nivel económico sólido. A su edad —quizás entre los diecisiete a diecinueve años—, era una de las pocas chicas en mi pueblo que manejaba un auto nuevo. Se le veía siempre muy segura de sí misma. Me sospecho que Paty sabía muy bien que todos la admiraban. Hasta con el poco atractivo uniforme escolar, lucía como una modelo de pasarela. Era de tez ligeramente bronceada, mediana estatura, delgada, cintura fina, cabello largo castaño, con rayitos naturales que cuando le daba el sol la hacían parecer más rubia que pelicastaña.

Todo el mundo se enteró de repente: ¡Willy y Paty eran novios! Aquello fue una celebración para algunos y para otros motivo de «celillos» propios de la edad. Para decir la verdad, a Willy se le veía muy enamorado. Paty, más acostumbrada a la admiración de los chicos, disfrutaba el momento, pero quizás no lucía tan entregada como Willy. Ahora, luego de haber pasado tantos años —y tal vez idealizándolos— los imagino como una parejita de novios casi perfecta. Parecían estar hechos el uno para el otro. Paty, la bella, y Willy, el galán joven, fino, educado y temeroso de Dios.

Nunca supimos el porqué, ni cómo pasó. Pero, de repente, después de más o menos un año de noviazgo, Willy y Paty rompieron su compromiso. Willy jamás volvió a ser el mismo. Se le vio por algún tiempo con una mueca simulando una sonrisa en los labios. Aquel brillo de ojos enamorados ahora se veía vidrioso, como si hubiera estado llorando toda la noche. Sin embargo, todos pensábamos que aquello pronto le pasaría. Al poco tiempo, Willy se mudó a otra ciudad y luego se fue a Estados Unidos. Pasaron varios años hasta que volví a saber de él.

Para entonces, los de aquel grupo de jóvenes de distintas iglesias que habíamos crecido juntos, estábamos casados, trabajando, estudiando en la universidad, criando bebés o todas las cosas anteriores. El chico que nos había inspirado tanto en mi pueblo, solo había alcanzado algunos de esos sueños, y a medias. Nunca se casó, no tenía hijos ni terminó su carrera universitaria. Pero lo más duro de todo fue que su potente voz, con la que nos deleitaba cantando y predicando, se había apagado. Su cuerpo esbelto ahora lucía más delgado que nunca. Hasta su piel ahora parecía más oscura, seca y enferma. El día en que nos encontramos, ambos estábamos de vuelta en nuestro pueblo para las fiestas navideñas. En esa época, por tradición, los puertorriqueños ausentes acostumbramos regresar a nuestra isla.

Hablamos y nos reímos un buen rato cuando le conté cómo lo envidiábamos los chicos de nuestra escuela por lo popular que era y porque conquistó a Paty. Aunque lo disimulaba, intuí muy bien que aquella historia de Paty algo tenía que ver con lo que veía en ese momento en el rostro de Willy. Después de un par de horas de risas y recuerdos de tiempos pasados, mi amigo se dio cuenta de que jamás le preguntaría por qué lucía tan débil y envejecido. Sin embargo, había algunas cosas que Willy no había perdido: su amor apasionado por Dios, su inteligencia y su franqueza.

«Tengo SIDA». Así lo soltó. Entonces hubo uno de esos silencios y puntos muertos en una conversación entre dos amigos que hace años que no se ven. Aquellos eran los años en los que apenas se comenzaba a hablar de ese «extraño» fenómeno. Síndrome de Inmunodeficiencia Adquirida.

Tal vez por mi ignorancia, y un poco por el impacto de la noticia, me quedé mirando a lo lejos, mientras estábamos parados frente a la playa de nuestro pueblo, Vega Baja. En aquella playa, Willy y yo construimos castillos de arena. A aquella playa nos escapábamos de los padres y de los pastores para bañarnos, jugar voleibol y correr por los dos cerros de piedra que custodian la orilla que, a propósito, es una de las playas más hermosas de mi natal Puerto Rico.

Ambos mirábamos al horizonte lejano, mientras la playa cercana nos miraba a nosotros. Aquel día estaba misteriosamente quieta. Sin olas, con una suave brisa fresca, demasiado silenciosa para ser una playa del Atlántico caribeño. Por lo general, yo soy el conversador entre mis amigos. Aquella tarde no supe qué decir. Creo que apenas alcancé a poner mi brazo sobre el hombro de Willy. Su cuerpo, casi esquelético quedó más cerca del mío, pero sin hablar.

Hasta que Willy finalmente pronunció las primeras palabras: «Edwin, ¿qué rayos me pasó? Tú y yo fuimos de la misma generación de chicos inquietos de este pueblo. Fuimos a la misma escuela, íbamos a la misma iglesia, tuvimos los mismos amigos, cantamos juntos a Dios, competíamos por las mismas chicas. Éramos uña y carne. Tú y Cuchy todavía están juntos, están bien, han triunfado aquí y en Estados Unidos. Mientras yo paso las noches contando las horas, luchando por no dormirme por miedo a no despertar. Edwin, ¿qué demonios pasó?»

Todavía no sabía qué decir. Otro largo silencio. Lágrimas en mis ojos que Willy nunca vio. Lágrimas secas en las mejillas de Willy que nunca alcancé a ver. Ya él había llorado tanto antes de encontrarnos que no le quedaban lágrimas. Fue Willy el que volvió a interrumpir aquel silencio. Sus palabras parecían un verso de aquellas canciones que escribía cuando más joven: *Ella no fue la culpable. Ella solo fue mi excusa.* Se refería a Paty.

«Poco tiempo después de romper con Paty, la depresión me comenzó a aislar del grupo. Me mudé del pueblo para alejarme de todo lo que me recordara su persona. Unos meses después supe que Paty y Miguel —nuestro amigo mutuo—, estaban comprometidos para casarse y aquello fue como la gota que rebosó la copa. Decidí irme a Nueva York a terminar mis estudios. Allá conocí a un joven que vivía en mi mismo edificio. Nos hicimos grandes amigos. Comenzamos a involucrarnos emocionalmente y, un día, cruzamos la línea. Pequé contra Dios. Aquello fue lo más terrible que me haya pasado. Sentí tanta vergüenza y repugnancia por mí mismo que no me atreví a ir a una iglesia por ayuda. Mantuve aquella relación homosexual por años. Fue mi primera experiencia en ese mundo. Pero no era así para mi pareja. Hace un año, él murió del mal que ahora me está matando a mí. Tengo SIDA y los tratamientos para esta condición aún no ofrecen garantías. Estoy muy cansado, arrepentido y esperando lo que Dios quiera hacer. Si me sana, seré un testimonio de su poder sanador. Si muero, igualmente quiero que todos sepan que soy un testigo de su poder perdonador».

Willy murió siete meses después de nuestra conversación. Y en estas líneas cumplo el deseo del corazón de mi amigo. Willy fue perdonado por Jesús. Pagó con su vida su equivocación, pero su testimonio está salvando a muchas personas dondequiera que sus amigos y familia lo contamos.

SON MUCHAS LAS HISTORIAS

El libro *Someone I Love Is Gay: How Family & Friends Can Respond* [Alguien a quien amo es gay: Cómo pueden responder la familia y las amistades][1] es mi primera recomendación como lectura «obligada» para las personas que enfrentan la noticia de la homosexualidad de un ser querido.

Como psicólogo y consejero cristiano que ha atendido a cientos de personas con preferencia o conducta homosexual, conozco lo que sienten los homosexuales y sus familias: el rechazo, el dolor, la frustración, los conflictos y el intenso deseo de ser aceptados. Creo también entender por qué la iglesia suele ser quizás el último recurso al que recurre un homosexual a buscar ayuda. La homosexualidad es tal vez el tema sobre el que más mitos se han creado a través de la historia. Es una pena, pero en la pastoral, no somos la excepción. Se generaliza muchísimo. Caemos en dos tendencias: condenamos al individuo sin ofrecerle una esperanza o ignoramos la seriedad del asunto. Lo simplificamos con expresiones como: «Tienes que leer más la Biblia y orar más». Y sin dudar de la absoluta validez de estas instrucciones, la persona que está atrapada en deseos y apetitos homosexuales necesita ser guiada, cuidada y dirigida en su proceso de liberación de esa conducta.

Por otro lado, mientras esto está ocurriendo en las comunidades de fe cristiana, en las escuelas y en los consultorios de psicólogos y consejeros liberales, se escuchan cosas como: «No te preocupes, acéptalo, ¡eres gay! «¿Cuál es el problema?» Y a los padres les dicen: «Tu hijo sencillamente nació homosexual, deja que disfrute su preferencia».

¿QUÉ HACER?

El primer paso es informarte bien. Muchos padres llegan a nuestras consultas, meses y hasta años después de haber estado «preocupados por su hijo o hija». Sin embargo, durante ese tiempo no hicieron nada. Y la verdad es que la mayoría de las madres y muchos padres intuyen cuando un hijo o una hija se está sintiendo inconforme con su género, pero no hacen nada porque sencillamente no saben qué hacer. Por eso creo firmemente que lo primero es buscar toda la información posible. Ello, en muchos casos, implica corregir información errónea, aceptación (no de la conducta, si no de la situación de conflicto que necesitan sanar) y, sobre todo, cubrir todo este proceso con todo el amor que seas capaz.

Mi segunda recomendación a los padres o a la persona que pide ayuda es evaluar de forma objetiva la salud del hogar o de esa familia donde cohabita el individuo con tendencias o preferencias homosexuales. Son comunes los casos en los que una persona que se está inclinando a la conducta homosexual viene de un hogar con dificultades de convivencia. No siempre será esta la causa. Puede haber muchas otras. Pero siempre el ambiente de ese hogar debe ser evaluado. Aunque sea para luego descartarlo como un elemento que pueda estar afectando. Nuestro estilo en consejería es ir de lo conocido a lo que no se conoce. De lo simple a lo más complicado. Así podemos ir dirigiendo a la persona a conocer qué cosas internas o externas podrían estar influyendo en su incomodidad sexual.

La experiencia me permite decirte que debes anticipar que aparezcan acusaciones, culpas, lágrimas y, sobre todo, muchas preguntas. No obstante, no estamos hablando de buscar cosas que se hicieron o que no se hicieron bien. La atracción por la conducta homosexual puede tener su raíz en múltiples factores conocidos o desconocidos. Si no evaluamos la situación del hogar, es como intentar explicar la luna sin el sol o tratar de negar la existencia de ambos. Así como el sol se refleja en la luna y nadie puede negar la existencia de ellos, también el hogar y la familia de la persona con preferencia homosexual se «refleja» al momento de ministrar, guiar y hacer libre a esa persona. Todo tiene que ubicarse en el contexto apropiado.

¿HOMOSEXUAL DE NACIMIENTO O CONDUCTA APRENDIDA?

La mayoría de los homosexuales cree que «nació» así. A menudo esta creencia brinda alivio y elimina la responsabilidad para el cambio. Sin embargo, al día de hoy, no existe ninguna evidencia científica sólida de que eso sea cierto. La gran mayoría de las personas homosexuales es completamente normal genéticamente; es decir, su composición genética es la misma que la de otros hombres y mujeres heterosexuales.

La homosexualidad es una conducta aprendida influenciada por una serie de factores; entre ellos podemos mencionar: una ruptura en la vida familiar en la niñez, falta de amor incondicional por parte de alguno de los progenitores y la falta de identificación con el progenitor del mismo sexo. Más tarde en la vida estos factores pueden resultar en una búsqueda de amor y aceptación, envidia del mismo sexo o del sexo opuesto, una vida controlada por diferentes temores y sentimientos de aislamiento.

Donde sí parece haber consenso es que la homosexualidad es causada por una multitud de raíces. Sería simplista pensar que este complejo problema solo tiene una causa: el temor al sexo opuesto, o el incesto, o el abuso sexual, o las madres dominantes, o los padres débiles, o la opresión demoníaca.

No cabe duda que cualquiera de esas razones puede tener repercusiones en la identidad sexual de una persona. Sin embargo, solo la decisión personal es la que determinará la identidad homosexual, aunque muy pocos quieran admitirlo.

¿QUÉ DICE LA BIBLIA?

Después de una larga exposición sobre la homosexualidad, Romanos 1.32 (RVR60) termina diciendo: «quienes habiendo entendido el juicio de Dios, que los que practican tales cosas son dignos de muerte, no sólo las hacen, sino que también se complacen con los que las practican».

Aquí, entonces, se hace evidente que aun el aprobar el estilo de vida homosexual es pecado. En Colosenses 3.5 (NVI) dice: «Por tanto, hagan morir todo lo que es propio de la naturaleza terrenal: inmoralidad sexual, impureza, bajas pasiones, malos deseos y avaricia, la cual es idolatría».

De acuerdo con la Palabra de Dios, la lujuria sexual y la fantasía homosexual —y heterosexual— son pecados. No obstante, 1 Corintios 10.13 (RVR60) nos asegura que la tentación no es pecado: «No os ha sobrevenido ninguna tentación que no sea humana; pero fiel es Dios, que no os dejará ser tentados más de lo que podéis resistir, sino que dará también juntamente con la tentación la salida, para que podáis soportar».

Existe una enorme diferencia entre sentirse atraído hacia el acto o la fantasía homosexual, y escoger rendirse ante esa atracción. Y aquí radica la diferencia entre la tentación y el pecado. La expresión «salir del clóset» no es la frase inofensiva, *in, cool* o supermoderna que parece. Realmente es una invitación a las personas con debilidades o tentaciones por la conducta homosexual a olvidarse del «qué dirán» o de lo que Dios ya ha dicho y a «vivir la vida loca».

No podemos controlar por completo lo que nos sirve de tentación, pero sí podemos decidir si nos rendimos o no ante esa tentación. Y la realidad es que ese poder para vencer la tentación está disponible en Dios, por su Espíritu Santo.

Hay por lo menos seis pasajes en la Biblia relacionados con la homosexualidad que todo cristiano debe conocer. El primero aparece en Génesis 19. Dios enjuicia a dos ciudades completas por su indignidad moral. Estas dos ciudades desaparecieron de la faz de la tierra debido a la depravación moral que allí reinaba.

Estamos hablando de Sodoma y Gomorra. Esas dos ciudades se dieron a conocer por la práctica de la homosexualidad y todo tipo de corrupción sexual. Aunque eran culpables de otros pecados, el más conocido de ellos fue la perversión homosexual. Tan perversa era esta gente, que un día Lot —sobrino de Abraham y residente de Sodoma—, recibe una visita de unos mensajeros de Dios. En la noche, cuando se supo la noticia en el pueblo de que esos personajes estaban en la casa de Lot, rodearon la casa y con actitud amenazante, le gritaban a Lot que les entregara a sus visitantes para realizar una orgía homosexual masiva con ellos.

La siguiente referencia directa contra la conducta homosexual aparece en Levítico 18.22 (NVI): «No te acostarás con un hombre como quien se acuesta con una mujer. Eso es una abominación».

Otro pasaje paralelo a este se encuentra en Levítico 20.13 (NVI): «Si alguien se acuesta con otro hombre como quien se acuesta con una mujer, comete un acto abominable y los dos serán condenados a muerte, de la cual ellos mismos serán responsables».

Afortunadamente, con la muerte y resurrección de Cristo, el homosexual ya no tiene que pagar con su vida por su pecado. Como tampoco tiene que pagar con la suya el que roba o el que miente. Todos podemos ir ante Jesús confiadamente, confesarle nuestro pecado y recibir su perdón. Inmediatamente después, debes buscar ayuda confiable por parte de un hombre o mujer de Dios que te lleve de la mano en el proceso de transformación de tu mente y la sanidad de tu espíritu, cuerpo y alma. Recuerda esto: el pecado toma solo un instante para ser perdonado, pero el proceso de conversión y purificación de los pensamientos, y para reentrenar el cuerpo en la función para la que fue diseñado, será un proceso mucho más largo y que requerirá mucha paciencia, perseverancia y mucho amor.

El siguiente pasaje que mencionaré aparece en el Nuevo Testamento, en Romanos 1.24–27. En la versión Dios Habla Hoy dice así:

> Por eso, Dios los ha abandonado a los impuros deseos que hay en ellos, y han cometido unos con otros acciones vergonzosas. En lugar de la verdad de Dios, han buscado la mentira, y han honrado y adorado las cosas creadas por Dios y no a Dios mismo, que las creó y que merece alabanza por siempre. Amén. Por eso, Dios los ha abandonado a pasiones vergonzosas. Hasta sus mujeres han cambiado las relaciones naturales por las que van contra la naturaleza; de la misma manera, los hombres han dejado sus relaciones naturales con la mujer y arden en malos deseos los unos por los otros. Hombres con hombres cometen acciones vergonzosas, y sufren en su propio cuerpo el castigo merecido por su perversión.

Me llama mucho la atención que tanto en Levítico 20.13 como en Romanos 1.27, el Espíritu Santo advierte que la persona practicante de la conducta será responsable de sus propias consecuencias. Eso no es una venganza de Dios; de lo que se está hablando es de la consecuencia por la conducta elegida. Romanos 1.24 es sin duda la declaración central del Espíritu Santo contra la conducta homosexual. Es el versículo más explícito y directo en la Biblia sobre la homosexualidad. De manera interesante, aparece en el Nuevo Testamento, lo que enfatiza y valida la prohibición de Dios de Levítico 20.13.

Este es el argumento más contundente, claro y directo para presentar a quienes luchan con la conducta homosexual. La homosexualidad fue prohibida por Dios en la prehistoria escritural del Antiguo Testamento, y sigue siendo prohibida por Dios en la edad de la iglesia cristiana actual.

Pero hay más, en 1 Corintios 6.9–11 (DHH), el Espíritu Santo establece lo siguiente:

> *¿No saben ustedes que los que cometen injusticias no tendrán parte en el reino de Dios? No se dejen engañar, pues en el reino de Dios no tendrán parte los que se entregan a la prostitución, ni los idólatras, ni los que cometen adulterio, ni los afeminados, ni los homosexuales, ni los que roban, ni los avaros, ni los borrachos, ni los maldicientes, ni los ladrones. Y esto eran antes algunos de ustedes; pero ahora ya recibieron el baño de la purificación, fueron santificados y hechos justos en el nombre del Señor Jesucristo y por el Espíritu de nuestro Dios.*

OTROS ASPECTOS DE LA HOMOSEXUALIDAD

La homosexualidad es mucho más que un simple acto sexual. Para comprender mejor las circunstancias de la persona que busca ayuda, hemos dividido este tema en diferentes aspectos principales: conducta, respuesta reflejo, identidad, ambiente homosexual, impacto espiritual, impacto social e impacto familiar.

CONDUCTA

A menudo asumimos que todas las personas homosexuales tienen encuentros homosexuales, pero no siempre es así. Suponemos también, y de forma incorrecta, que todo aquel que practica actos homosexuales es homosexual. Sin embargo, no siempre tales actos son un indicio verdadero de que una persona sea o no homosexual.

Hay casos de personas heterosexuales que tienen encuentros homosexuales bajo ciertas circunstancias específicas; por ejemplo, en la prisión, la milicia, en encierro o secuestro, donde no tenían la opción de practicar el sexo heterosexual.

También se debe aclarar que un jovencito o una jovencita que tuvo algún encuentro homosexual a temprana edad no es homosexual, a menos que esos encuentros llenen una necesidad que no es satisfecha de otra manera, como la necesidad de amor, aceptación, seguridad y significado. En tal caso, se trata de encuentros que representan un intercambio de favores de las necesidades no sexuales que se obtienen a través de ellos. Por ejemplo, hay jovencitos y jovencitas, con carencia de cariño, protección o afecto, que muchas veces sin entenderlo bien, intercambian favores sexuales con un adulto, por dinero, por comida, por medios o beneficios de supervivencia. En todos esos casos, se constituyen los elementos del abuso y la explotación sexual. Pero eso no implica que la víctima sea necesariamente homosexual. La persona fue obligada o seducida a un acto homosexual por dominación.

Hay estadísticas que revelan que la mayoría de los jóvenes que experimentaron actos homosexuales lograron madurar y llegar a una vida heterosexual normal. El que hoy haya estrellas de la música, astros del deporte o figuras políticas declarando su homosexualidad, después de haber sido abusados o iniciados en la conducta desde muy niños, no quiere decir que todos los que vivieron experiencias parecidas son homosexuales que están en el clóset.

La mayoría de las personas que han vivido algún episodio homosexual, el día que decidieron salir de ello y buscaron ayuda, lograron sanar su sexualidad.

Por otro lado, existen muchas otras personas que nunca han tenido encuentros homosexuales, debido al miedo o a una fuerte convicción religiosa, que viven en una intensa y constante lucha con la homosexualidad. Ellos tampoco son homosexuales. Son personas con tentaciones y tendencias a esa conducta. Pero, ni son homosexuales, ni son culpados por Dios por sentir esa tentación, ni tienen que «salir del clóset». No tienen que salir porque se han mantenido fuera, libres y seguros en Cristo. Hoy, a los que están libres, los quieren poner dentro, y a los que están dentro —en opresión y secuestrados por sus pasiones—, les dicen que están fuera.

¿Quién entiende a una sociedad que juega y manipula la verdad? Solo Dios. El Espíritu Santo nos advirtió sobre esto hace casi tres mil años. Se lo reveló al profeta Isaías.

> *¡Ay de los que a lo malo llaman bueno, y a lo bueno malo; que hacen de la luz tinieblas, y de las tinieblas luz; que ponen lo amargo por dulce y lo dulce por amargo!* (Isaías 5.20, RVR60)

Las razones para esto son muchas y variadas. Entre ellas podemos ver la influencia de ideas por parte de religiones paganas como la Nueva Era, y también el humanismo sacado de contexto. Esas filosofías de vida presumen de todo tipo de expresión de amor, de misticismo y contemplación de la vida en una de las «formas nuevas». Muchas de esas personas son muy inteligentes y exitosas en algunas áreas de sus vidas, pero a medida que avanzan en esas áreas, se insensibilizan, se corrompen y se desligan de la realidad espiritual. Y es esa la espiritualidad que, cuando no les queda más remedio, tratan de recuperar de la peor manera. Ya sea a través de la exaltación al sexo desordenado, la depravación moral y el humanismo exacerbado.

Eso está ocurriendo en todos los niveles sociales. Afortunadamente, todavía son una minoría. Sin embargo, es vital que la gente con principios se haga escuchar. Tenemos que defender a nuestras familias y a sus descendencias. Hay que purificar los matrimonios, los hogares, la salud mental de nuestros hijos y nietos. Debemos cancelar el espíritu de intimidación que nos ha arropado por no querer hacer sentir mal a los que promueven esos planes torcidos que van en contra de la ley divina.

RESPUESTA REFLEJO

Una breve definición de este término es: «la excitación sexual (o estímulo) causada por la percepción visual o la especulación de fantasías». Esto es lo que algunos llamarían «orientación homosexual». A pesar de que muchas personas dicen que han experimentado atracción visual o sexual por el mismo sexo «desde que tienen uso de razón», existe un patrón progresivo en la vida de un individuo que conduce poco a poco a una respuesta de un pensamiento homosexual dominante.

El niño o la niña pueden comenzar con la necesidad de compararse con otros de su mismo sexo para ver si satisfacen los valores impuestos por la sociedad. Cuando no logran compararse favorablemente con los demás, entonces comienzan a sentir admiración por esas cualidades y características físicas que no tiene, y que el otro chico o chica sí posee. En algún momento el pensamiento reflejo, casi involuntario, se erotiza y al fin se transforma en un deseo, en una «orientación homosexual», y más tarde si la persona no recibe ayuda ni se afirma en su identidad de género, se convierte en una «preferencia sexual» y luego en una «práctica o conducta» homosexual.

En la mayoría de los casos, eso comienza con un poco de imaginación o fantasías. Muchas veces apoyado por imágenes, conversaciones, pornografía o simplemente curiosidad. Por lo general, ese primer encuentro sexual es el resultado de mucho tiempo de fantasías homosexuales.

IDENTIDAD

Otro de los aspectos que siempre surge en discusiones sobre la conducta homosexual es el asunto de la «identidad». El individuo nunca experimentó ninguna atracción sexual por el mismo sexo. De hecho, tampoco tuvo ningún encuentro homosexual. Sin embargo, desde temprana edad se percibe a sí mismo como «diferente» a los amiguitos de su mismo sexo. La persona se siente «anormal», como que no pertenece al mundo heterosexual. Eso le lleva a concluir: «Debo ser homosexual».

En otros casos, el chico o la chica crecen con miedo al sexo opuesto, carecen de habilidades sociales o deportivas y así, poco a poco, comienzan a aceptar y a desarrollar una «identidad diferente». Por ello es tan importante que nadie tenga un concepto equivocado de sí mismo.

Que nadie te defina por las tentaciones, inclinaciones o atracciones que hayas tenido. ¿Por qué echar a perder tu vida permanentemente por algo que Dios te puede ayudar a cambiar para siempre? No lo olvides: somos hijos e hijas de Dios, creados a su imagen y semejanza.

AMBIENTE Y ESTILO DE VIDA

La persona que se autodenomina homosexual o gay puede alegar que no tiene ninguna responsabilidad por su identidad, su respuesta o pensamiento reflejo involuntario, ni siquiera por su primer encuentro sexual.

Pero, todo el que practica la conducta homosexual es responsable por escoger ese estilo de vida como su ambiente. No todo homosexual se involucra en ese estilo de vida o ambiente en el mismo grado. Algunos llevan una vida heterosexual y solo entran al ambiente homosexual para sostener encuentros sexuales esporádicos. En tiempos recientes, a estas personas se les llama «bisexuales». Otros viven inmersos totalmente en la subcultura homosexual. Hacen de ella su ambiente y estilo de vida. Entre estos dos extremos se encuentran todas las demás variantes.

Hoy, gracias a la propaganda, a la identificación pública de grandes figuras y al manejo del tema en la televisión y en el cine, el estilo de vida homosexual es socialmente aceptado en casi todas las esferas de la vida. En las empresas, en la política, en la milicia y ya hasta en el clero. Hay denominaciones protestantes en las que la comunidad gay es parte de su pastoral y de su liturgia. Aceptan y ministran los sacramentos como cualquier heterosexual. En algunos estados de la Unión Americana, incluso les permiten casarse y adoptar niños con el apoyo de ciertas congregaciones.

Precisamente, al momento en que trabajamos este tema, el gobernador de Nueva York, el Senado y los representantes del estado acaban de aprobar el matrimonio entre personas del mismo sexo. He aquí un extracto de la noticia publicada en la página web de «El Mundo en Orbit»:

> *Los activistas impulsores del matrimonio homosexual consiguieron el viernes por la noche una victoria histórica al aprobar el Senado del estado de Nueva York una propuesta de ley que permitirá las bodas de personas del mismo sexo. Nueva York se convertirá así en el sexto estado del país, y el más populoso, en adoptar el matrimonio gay.*[2]

IMPACTO E INFLUENCIA ESPIRITUAL

Todos estos factores que hemos presentado contribuyen de una manera u otra al desarrollo de la atracción homosexual. Pero no podemos dejar de presentar la influencia y el impacto espiritual que contribuyen a dicha conducta. La Biblia nos advirtió que este siglo tendría sus propias ideas torcidas, que el ambiente de estos tiempos se cargaría de corrupción y de maldad. Y si bien es cierto que no soy de la línea teológica que ve demonios hasta en la sopa, tengo que admitir que existe un mundo espiritual de tinieblas que es tan real como el mundo espiritual de la luz. Mira lo que advierte el Espíritu Santo:

Porque no luchamos contra gente como nosotros, sino contra espíritus malvados que actúan en el cielo. Ellos imponen su autoridad y su poder en el mundo actual. Por lo tanto, ¡protéjanse con la armadura completa! Así, cuando llegue el día malo, podrán resistir los ataques del enemigo y se mantendrán firmes hasta el fin. ¡Manténganse alerta! Que la verdad y la justicia de Dios los vistan y protejan como una armadura. (Efesios 6.12–14, TLA)

El mundo espiritual de las tinieblas se aprovecha de los conflictos familiares, del divorcio, de los conflictos sociales, de la ausencia de papi o de mami, del estrés, del abandono y de la soledad para seducir a muchos con la «novedad» de la homosexualidad. Es un mundo espiritual que se dedica primero a separar, abusar, enfermar y dividir, para luego dejar a sus víctimas vulnerables a adicciones de todo tipo. En especial a las adicciones sexuales, como la conducta homosexual.

Las influencias espirituales de las tinieblas (energías y espíritus adversos), se aprovechan de todo, desde aspectos biológicos hasta predisposiciones de familia o ambientes. Independientemente de las generalizaciones, la verdad es que los hijos de hogares saludables no son una presa fácil para la preferencia homosexual. Y, por supuesto, que siempre habrá quien quiera debatir esto diciendo: «Yo conozco al hijo de don José y doña Carmen que viene de un hogar sano, con padres felizmente casados y es homosexual».

Sin embargo, no estoy negando esa posibilidad. Siempre existirá porque ya hemos dicho que los aspectos que contribuyen a la preferencia homosexual son muchos y complejos. Pero, por lo general, los riesgos de que los hijos de hogares sanos sean seducidos a la homosexualidad son menores que los de hijos que vienen de hogares conflictivos y disfuncionales. No me gustan las generalizaciones, pero la experiencia nuestra es que en hogares estables y sanos, la identidad de género de los hijos tiende a ser también más estable y sana.

IMPACTO SOCIAL

Sin duda, hoy más que nunca, la homosexualidad se ha convertido en un complejo problema social y político. Afortunadamente, también podemos contar con ministerios serios de educación y de apoyo a las familias y a las personas con «orientación homosexual».

Uno de los recursos con más éxito en la educación para las personas que quieren ser libres de la homosexualidad se llama «Éxodo juventud». Este ministerio basa su consejería en respuestas bíblicas y ofrece apoyo a familias, iglesias, pastores y jóvenes a través de su página en la red: www.exodusyouth.net.

También recomiendo al ministerio L.I.F.E. Su programa de ayuda y orientación en cuanto a las adicciones sexuales —entre ellas la homosexualidad— está cambiando vidas todos los días. Soy parte del equipo directivo de ese ministerio y, como el único hispano en su mesa de directores, siento una inmensa responsabilidad con este ministerio. Puedo dar fe personalmente del extraordinario trabajo que realizan. Puedes conseguir su valiosa información visitando: www.freedomeveryday.org.

Nuestro lema: «Libre cada día» y nuestra estrategia: «Un ejército batallando contra las adicciones sexuales globalmente» es una de mis inspiraciones al escribir este libro. Por ser la sexualidad una característica inherente a nuestra humanidad podemos entender lo difícil que puede resultar salir de esta conducta pecaminosa. Sin embargo, hay esperanza. Hay muchos que la han abandonado y que se han convertido en «nuevas criaturas en Cristo».

IMPACTO FAMILIAR

La declaración: «Mamá, papá, soy homosexual» suele ser devastadora para el padre o la madre, y la familia en general. Sin embargo, esa afirmación solo representa el comienzo de un largo proceso que llevará tal vez hasta años para poder tratar. Todos, en algún momento de nuestra vida, veremos a un ser querido en alguna dificultad y diremos: «Quiero ayudar, pero no sé qué hacer». Con frecuencia no sabemos cómo ayudar a quienes más amamos o a quienes más cerca están de nosotros. Lo que comúnmente ocurre es un primer golpe que destroza el corazón de ese padre, madre, abuelos, hermanos y familiares. Lo próximo es un interminable viaje al pasado preguntándose: «¿En qué fallamos?» «¿Qué hicimos tan mal?»

A veces la familia se une más buscando protección para ese miembro de ella y para la familia misma. En otros casos, surge «el bombardeo de las culpas». Algunos expertos comparan esa experiencia con una especie de luto para la familia. Es como enterrar la realidad que se había soñado para esa persona. El dilema es agotador pues muchas veces las familias no saben qué hacer y en otros casos nada de lo que hacen es aceptado por la persona que se ha declarado homosexual.

A los padres y familiares que están viviendo esa experiencia de un hijo o hija con preferencias homosexuales les digo que tienen que amarlos aunque no entiendan lo que está pasando y mucho menos el porqué.

En segundo lugar, no te precipites a llegar a conclusiones. La homosexualidad no es el resultado de un factor único. Por lo general, existirán varios factores que están influyendo la conducta. Así que no trates de jugar al psicólogo clínico ni al psiquiatra ni al pastor justiciero. Mejor pide ayuda y, sobre todo, infórmate bien, prepárate en oración y con la Palabra de Dios.

Primero para ti, y luego para servir sabia y amorosamente a ese ser querido engañado con la mentira de la homosexualidad. Porque, si lo llamamos por su nombre, eso es exactamente lo que es: una mentira que él o ella ha creído, influenciado por una combinación de factores.

Ningún padre o madre —esto incluye a los padres homosexuales—, quiere causarle un conflicto de identidad sexual a un hijo. Si el tuyo lo está viviendo, lo peor que puedes hacer por él es despreciarlo o despreciarte por lo que está pasando.

A continuación te presento cinco pasos importantes que pueden ayudarte a superar el impacto familiar de la noticia:

1. Ama y muéstrale amor aunque no entiendas: «Átalo con lazos de amor».

2. Infórmate y busca ayuda.

3. Evita el sorteo de culpas. No resuelve nada.

4. Prepárate intensamente en oración y con la Palabra. Puede que sea un largo recorrido.

5. Actúa con sabiduría y bajo la dirección del Espíritu Santo. La oración ha liberado a más homosexuales que ningún otro método.

No quiero terminar, sin contarte un maravilloso testimonio. Es mi oración que sirva para darte el ánimo que necesitas para seguir adelante.

Querido pastor:

Nunca pensé cambiar; siempre decía que el único que podía cambiar mi vida homosexual era Dios. Así que confié en Él. Hoy puedo decirle que soy una mujer feliz, llena de Dios y muy enamorada. Cuando llegué a la iglesia por primera vez, escuché la canción: «Al fin llegué» y esa canción me hizo pensar mucho. Nunca he hablado con usted, pero sus prédicas han hecho cambiar mi vida y eso me pone a pensar mucho. Espero que usted sea el pastor que me case.

¡Gracias pastor y que Dios lo bendiga!

¡Sí, es posible! Muchas personas que antes tenían inclinaciones homosexuales, hoy están casadas y tienen familias. Otras, se mantienen solteras y viven gozosas y dedicadas al servicio de Dios.

Dios concede los deseos de nuestro corazón y a Satanás no le complace cuando alguien se da cuenta del engaño de la homosexualidad y descubre la puerta hacia una vida diferente y feliz. Además, no olvides que Dios detesta el pecado pero ama al pecador. Ciertamente, este tema de la homosexualidad trae consigo muchas preguntas por contestar y muchas batallas por pelear, pero mayor es el que está en ti que el que está en el mundo.

HABLEMOS DE LA BISEXUALIDAD

Hay una nueva moda entre los jóvenes. Y no, no estoy hablando de Facebook, ni de iPhones, ni iPads. Ser «bi» es la última onda. Y se usan solo estas dos letras para abreviar el término completo: bisexual. Con esta palabra se define a la persona, hombre o mujer, que tiene relaciones sexuales con ambos géneros, sin preferencia.

Justo el día que me disponía a revisar este capítulo, encontré este titular en la página de American On Line: «Evan Rachel Wood habla de bisexualidad y de enamorarse». Y sobre su bisexualidad comenta: «Oh, sí. Esa es una parte muy importante de lo que soy. Y desde que tengo uso de razón, siempre he sido así. No puedo decir que soy de una manera o de otra porque me he enamorado sinceramente de hombres y me he enamorado sinceramente de mujeres. No sé qué etiqueta quieras ponerle, es simplemente así».[1]

Y «noticias» como estas están accesibles todos los días y a todas horas para nuestros hijos e hijas. Sandra Bullock —una de las actrices más talentosas y queridas de Hollywood— últimamente también ha contribuido a esta «fiebre». Hace poco, en la entrega de los MTV Music

Award, a través de la cadena televisiva especialista en espectáculos para jóvenes, besó a la también actriz Scarlett Johansson.

Mientras eso ocurría el público deliraba en gritos y aplausos. Y a la misma vez, millones de personas —en su mayoría, jóvenes menores de veinticinco años— veían la transmisión en horario estelar. Anteriormente, en otra entrega de premios, había besado a Meryl Streep. En los MTV de 2003, Brittney Spears besó a Madona y en la serie *Sex in the City* una de las historias de los personajes gira alrededor de una joven bisexual. Y como estos hay muchos ejemplos más que ocupan las páginas de las revistas de variedades y otros medios de comunicación masiva.

El constante acceso a la información puede provocar que esto ya no parezca un «problema» pues todo el mundo lo hace. Sin embargo, eso no es lo que vemos en nuestra consulta.

Alberto —nombre ficticio—, me dijo lo siguiente al conversar con él sobre este tema:

Por muchos años me consideré bisexual. Especialmente en mis primeros años de asumir esta conducta. Incluso tengo varios amigos que continúan llevando una vida gay y que comenzaron como «bisexuales». Ellos no decían para nada que eran homosexuales y se negaban a admitir que eran gays. Simplemente decían: «Yo soy "bi"». Esas son las famosas dos letras que utilizábamos. La mayoría de nosotros, los «bi», terminamos viviendo íntimamente solo con personas del mismo sexo.

La bisexualidad es ese punto crítico en el que una persona allegada puede ayudar en el proceso de dirección. Si yo hubiera encontrado a alguien en ese momento de mi vida, no necesariamente un pastor ni alguien de la iglesia, que me hubiera ayudado en ese proceso de identidad, lo más seguro no hubiera continuado esa vida gay. Cada vez que voy a mi país, en especial en los últimos tres años, veo que ser «bi» es lo que está «in», es lo «cool» y «todo el mundo lo hace». La bisexualidad la veo como esa etapa confusa y de experimento que es crítica pues determina si establezco una vida gay o una heterosexual.

Hoy muchas escuelas están reportando una especie de «avivamiento» de la conducta bisexual entre los estudiantes de secundaria. Sobre todo entre las niñas. Lo que presupone un impacto directo de la influencia de los medios en el tema.

LA BISEXUALIDAD EN LOS HOMBRES

Mike Haley, un exhomosexual convertido a Jesús y autor de *101 Preguntas frecuentes sobre la homosexualidad* hace la siguiente exhortación urgente: «Los padres, pastores y trabajadores de la juventud deben comenzar a impartir entre los jóvenes una perspectiva saludable, positiva y valorada de la feminidad».[2] Así también debemos hacerlo sobre la masculinidad sana y saludable. La mayoría de las personas que practica la conducta homosexual o la bisexual, indiscriminadamente, lo hace porque hay conflictos en su vida o identidad que no han resuelto.

A diferencia de las mujeres, la mayoría de los hombres bisexuales siente atracción por otros varones aun antes de estar relacionados sexualmente con una mujer. Algunos nos han contado que se vieron «obligados» a ocultar o negar su atracción homosexual, y se casaron con una mujer, con la esperanza de que esa atracción por los hombres desapareciera. Muchas veces toman esta decisión motivados erróneamente por líderes espirituales, familiares y amigos mal informados —aunque bien intencionados—, que les dicen: «Búscate una chica buena y cásate, y ya verás que eso se te pasa».

El problema con eso es que al pasar el tiempo, esa atracción por el mismo sexo —que nunca se trató—, resurge en forma de crisis y ahora afecta no solo al individuo, sino también a una esposa, hijos, a familias extendidas, y a todo el entorno social de la pareja. Todo hombre y toda mujer deben casarse seguros de su identidad sexual, no para intentar repararla. Toda atracción, curiosidad o fantasía con personas del mismo sexo debe ser tratada antes del matrimonio, a través de un proceso saludable y que agrade a Dios. Solo entonces la persona estará lista para el sagrado vínculo del matrimonio ordenado por Dios.

LA BISEXUALIDAD EN LAS MUJERES

Por nuestra experiencia en consejería, hemos visto que la mayoría de las mujeres que tienen novios o esposos y al mismo tiempo están involucradas en experiencias bisexuales, lo hacen más por afinidad con alguna amiga que por lo erótico de la situación. Sienten que esa otra persona, por ser mujer, las entiende mejor. Otras veces, lo hacen por rebeldía contra el hombre que las traicionó. En otras ocasiones, por castigo al ego de él o los hombres que la maltrataron.

Hay otras que alternan su vida sexual con hombres y mujeres porque buscan la protección de un varón, y a la misma vez buscan la empatía de alguien igual a ella, bajo el supuesto de que otra mujer sabrá qué buscar y qué dar en la intimidad.

Otras nos han comentado, especialmente las jóvenes, que salen con chicos y con chicas porque con ellos experimentan la atracción natural por el «macho» y con ellas, evitan la consecuencia natural. Pierden todas las inhibiciones con las chicas porque se ahorran el temor de un embarazo. Curiosamente, esta última racionalización se repite mucho entre las chicas y aun entre las mujeres adultas que practican conducta bisexual.

En las mujeres, la bisexualidad parecería más fácil. Nadie sospecha de dos mujeres jóvenes o mayores, solteras o casadas, que van juntas al baño. Socialmente no hay nada raro en que dos amigas salgan de vacaciones y decidan compartir la misma cama. No hay nada extraño que una amiga que llora, sea consolada públicamente por otra mujer, abrazándola o acariciándole el cabello. Estos mismos escenarios, entre hombres, levantarían sospechas casi de inmediato. Y esto ocurre porque a ellas la sociedad les permite mayor cercanía y expresiones de afecto que a ellos. Eso suele facilitar la conducta homosexual o bisexual aun en público y no llamar la atención.

Sin embargo, no hay nada más hermoso, femenino y puro que una mujer con su identidad sexual sana y segura de lo que es como hija de Dios. Parece irónico, pero muchas veces la propia religión, iglesias y denominaciones con sus discursos confusos sobre el rol de la mujer, son parte del pensamiento de inconformidad de género en la mujer. Mucho de lo que se predica o se enseña, sobre lo que ellas son como hijas de Dios, las confunde.

En algunas iglesias se escucha el reiterado discurso que dice: «la mujer guarde silencio en la congregación» o «las mujeres a este lado y los hombres al otro». En otras comunidades de fe de nuestra Hispanoamérica se comienza la escuela dominical con la instrucción aparentemente inocente: «Las niñas con las niñas y los niños con los niños». De alguna forma, vamos cargando la mente de la mujer diciéndole que hay algo «malo» con ellas.

Las adolescentes, jóvenes y mujeres en general, con un carácter afectado por traumas como el rechazo infantil, el abuso sexual, el rechazo del rol de su propio sexo, las malas relaciones entre padre e hija, y otros asuntos de personalidad, pueden llegar a ser más vulnerables a experimentar con la bisexualidad, el lesbianismo o actos aislados de conducta o fantasías homosexuales. La ignorancia, la falta de información, el ritualismo y el fanatismo religioso a veces ha empujado a muchas mujeres, jóvenes y adultas, a tener conflictos de identidad debido a la represión irracional que se promueve. Imagínate... de niñas, los padres las aislaron, y ya «de grandes» el marido las reprime, la sociedad las discrimina y la iglesia las anula.

Hemos escuchado de labios de nuestras pacientes que «la iglesia» —y claro, estoy hablando del concepto general— las ha marcado. Por ejemplo: «Si te acostaste con el músico sin estar casada, no puedes participar en ningún grupo de jóvenes. Eres una mala influencia», «Ah, y tampoco te quiero con las damas». Si eres soltera: «Lo lamentamos, pero no calificas como conductora para los programas de radio o televisión del ministerio porque puedes ser una tentación para los hombres de la radio y los que escuchan», «Ah, y esa ropa que usas puede hacer pecar al hermano Bartolo». Si te casaste y tu marido no presta servicio en la iglesia: «Tampoco puedes servir aquí porque Pablo lo prohíbe». ¿Cuál Pablo, el que limpia el templo o el apóstol? (Seguro el primero.) Y si eres divorciada: «No puedes ser líder porque los demás pastores de la ciudad dirán que nuestra congregación es liberal y que yo estoy en pro del divorcio». ¿Qué le queda a la pobre mujer? Alguien entonces le recomienda: «Intégrate al Ministerio I.A.U. (Intercesoras Anónimas con Unción)». Y, entonces allí, ella y las otras cristianas solas, orarán solas, se ayudarán solas, se contarán sus necesidades solas. Y oremos que no terminen «consolándose» solas.

Es vital que entiendas que el trato de Cristo con las mujeres es totalmente distinto. Jesús respetó el rol de la viuda y el de la madre soltera en su entorno; respetó a la madre en su contexto y a la divorciada en su desafío por sobrevivir; respetó a la mujer sorprendida teniendo sexo con un hombre casado. Jesús las respetó, las amó y nunca las aisló ni las excluyó. ¿Puedes notar la gran diferencia?

Nuestra sociedad es groseramente sexista y la iglesia también se ha contaminado. El mensaje subliminal, el entrelíneas casi escandaloso es: «Si no eres "perfecta y pura", no tienes muchas opciones.

Arréglatelas como puedas». Y, lamentablemente, este discurso fariseo no ha variado. Así trataron a las mujeres los religiosos de la época de Cristo. Hoy, esa injusticia legalista unida a los fenómenos sociales como el machismo, el feminismo, la influencia de figuras del espectáculo, la política y las estrategias que defienden la sexualidad alternativa, lleva a muchas mujeres decentes y respetables a experimentar el lesbianismo o la bisexualidad.

BISEXUALIDAD DEBIDO A TRAUMAS DE LA INFANCIA

Por nuestra experiencia clínica podemos decir que un alto porcentaje de mujeres que practican la bisexualidad ha sido víctima de algún tipo de abuso. Entre nuestra clientela, cerca de noventa por ciento de las personas que han estado involucradas en la bisexualidad confiesan haber sido víctimas de algún tipo de abuso por parte de hombres con autoridad. Se refieren a padres, hermanos, jefes, líderes espirituales, novios o esposos. Y hablan de todo tipo de abuso, incluyendo el emocional, el físico, el sexual o el verbal.

No debe extrañarnos, entonces, que algunas de esas mujeres se hayan sentido atraídas a la experimentación sexual con hombres y con mujeres. En su mayoría son chicas muy femeninas, a gusto con ser mujer, pero con severos traumas por el trato de los hombres. Por lo general, muestran insatisfacción emocional y social en sus relaciones con los novios, y más adelante, la insatisfacción sexual con los esposos. Y es que, irremediablemente, todo tipo de abuso va a causar daños en el desarrollo normal del individuo. Más adelante en sus vidas, algunos repiten el maltrato, otros los superan y otros intentan compensarlo con una vida sexual promiscua. ¡Gravísimo error!

BISEXUALIDAD DEBIDO AL RECHAZO AL ROL DEL GÉNERO

La persona inconforme con su género puede actuar con normalidad —según lo dicta «su rol»—; sin embargo, durante ciertos periodos o con alguna persona en particular, adopta deliberadamente la conducta bisexual para desplazar su frustración con su propio género. Entonces, luego de cada episodio o encuentro, regresa al rol propio de su sexo. En esos casos, casi siempre se trata de un niño o una niña que creció sin haber sanado su rechazo a su propio género. Nunca renovó su mente.

Sobre esto, la Biblia nos presenta un pasaje muy claro y acertado. En Efesios 4.22–24 (DHH) leemos: «Por eso, deben ustedes *renunciar* a su antigua manera de vivir y *despojarse* de lo que antes eran, ya que todo eso se ha corrompido, a causa de los deseos engañosos. Deben *renovarse* espiritualmente en su manera de juzgar, y revestirse de la nueva naturaleza, creada a imagen de Dios y que se distingue por una *vida recta y pura*, basada en la *verdad*» (énfasis añadido).

A nivel psicológico, la experiencia del abuso en la infancia y en los años jóvenes es causa de gran parte de la posterior inconformidad con el rol del género propio de muchas personas. No obstante, con la misma certeza, también puedo decir que para el cien por ciento de los casos la cura para la conducta bisexual u homosexual es la renovación de la mente. No hay de otra.

LA BISEXUALIDAD DEBIDO A TRAUMAS EN LA RELACIÓN CON MAMÁ

En el libro *Restoring Sexual Identity: Hope for Women Who Struggle with Same-Sex Attraction* [Restauración de la identidad sexual: Esperanza para la mujer que lucha contra la atracción hacia el mismo sexo], su autora Anne Paulk identifica y explica algunos de los factores por los que la mujer adopta una conducta bisexual o lesbiana aun siendo heterosexual. Uno de ellos es la desconfianza en mami, traducido en desconfianza e inseguridad en ella misma y en los hombres.

Los bebés de forma natural, de forma instintiva, se apegan a mami. Mami es su fuente de cuidado, por lo tanto mami es confiable, mami nunca hará nada que me dañe. Como es de esperarse, el abandono o la negligencia por parte de la madre o cuidadora pueden causar un desastre en el resultado deseado. En lugar de aprender que está segura, la bebé (o el bebé) quizás entienda que ella no es confiable. Por ello, puede decidir no identificarse con ella ni confiar en nadie. Siempre necesitará más afecto de quien esté disponible sea un él o sea una ella.[3]

El abandono emocional en las niñas las convierte en seres inseguros, en general, y a veces puede tener influencia en sus preferencias sexuales. En algunos casos, intentan compensar esa carencia con los varones y, a veces, con otras mujeres.

LA BISEXUALIDAD DEBIDO A TRAUMAS EN LA RELACIÓN CON PAPÁ

Si el primer apego amoroso de los niños es con mami, la segunda experiencia en cuanto a cercanía es con papi. Tristemente, en la cultural general —y entre los hispanos en particular—, los papás cargamos con grandes carencias en el área del afecto.

No somos buenos expresando amor. No sabemos cuán necesario es expresárselo a nuestros hijos. Y si lo hacemos cuando son infantes, según van creciendo, comenzamos a distanciarnos y empiezan a escasear más y más las manifestaciones de cariño verbal y físico.

Entonces, esos niños y niñas, que ya no son tan pequeñitos, al notar que papá no está emocionalmente disponible, comenzarán a buscar también las expresiones de afirmación en otras personas que sí lo estén. Si a eso sumamos otros factores como un papá abusivo con mamá; o un papá que no esté contento porque ella haya nacido mujer o el bebé haya nacido varoncito; o si el padre es hostil al género de la niña o del niño, el riesgo de enfrentar una confusión en cuanto a su identidad sexual pudiera ser mayor.

Si creciste escuchando a tu papá diciendo cosas como: «Yo quería un nene y me nació otra "chancleta" (nena)» o «Yo quería una nena y me nació el cabezón este» o «Eres mi princesa, pero de haber sido varón, nos hubiéramos divertido mucho conquistando mujeres juntos», es posible que te sientas inconforme con tu género. Los receptores de esas hirientes expresiones pueden llegar a ser candidatos para tratar experiencias sexuales alternas, con personas de un sexo o de otro, en su búsqueda de aprobación o aceptación.

Por otro lado, hemos atendido varios casos de hombres que fueron iniciados sexualmente con prostitutas pagadas por sus propios padres, siendo ellos todavía niños. El trauma y el impacto emocional causados provocaron la reacción contraria a lo que el padre irresponsable buscaba. La experiencia llevó al joven a sufrir un desorden permanente en su identidad sexual.

Este fue el caso de Efraín. Esto es lo que recuerda de cuando tenía dieciséis años: «Me gustan las mujeres, pero la primera que tuve abusó de mí y me traumatizó. Era una prostituta que mi padre pagó para que "me enseñara a ser hombre". Por el recuerdo de aquella noche, terminé con algunas dificultades para relacionarme con las mujeres y por eso a veces me resultaba más fácil relacionarme con hombres».

BISEXUALIDAD DEBIDO A TEMPERAMENTO

Culturalmente, los hispanos esperamos que las niñas sean tiernas, tranquilas y cariñosas. Y también esperamos que Junior [el primogénito] «sea como su papá». Junior no puede llorar porque «los hombres no lloran». Tiene que tener muchas novias en la escuela porque «yo a tu edad tenía cuatro novias a la vez». Sin embargo, resulta que Junior es un niño sano, tranquilo, normal. Es una versión distinta a la de su padre. Por tanto, muy sutilmente, comienza a sentir el rechazo de su papá porque «no eres igual a mí». Junior admira a su papá, pero no quiere ser como él. Y cuando eso ocurre, los hijos se sienten heridos y rechazados. Los padres los hacen vulnerables con sus groseras majaderías y por ello luego los vemos sentados frente a nosotros con serios conflictos en sus preferencias sexuales.

En las niñas, sin embargo, vale la pena aclarar que la bisexualidad, el lesbianismo o la sexualidad alternativa pueden haber sido alentadas por la carencia de aspectos no sexuales. Es decir, pueden ser una reacción a insuficiencias emocionales, sentimentales, relacionales y espirituales. Y como cada uno de nosotros es el resultado de la suma de todas nuestras experiencias en la vida, sería irresponsable atribuir a un solo factor la causa que lleva a una persona a aventurar con la bisexualidad.

Las aproximaciones que hago en este capítulo son acercamientos limitados debido a la complejidad misma del ser humano. Existen otros factores precondicionantes de su entorno y su convivencia con otros que también pueden afectar. O sea, que cualquiera de los aspectos mencionados y muchos otros no mencionados pueden ser el detonante para que un hombre o una mujer se aventuren a adoptar un estilo de vida bisexual. Lo mismo ocurre cuando hablamos de lesbianismo y homosexualidad. En realidad, me atrevo a decir que no hemos tenido dos casos con perfiles exactamente iguales en lo que se refiere al lesbianismo, la homosexualidad y la bisexualidad. Por otro lado, también existe una gran mayoría de personas con historias parecidas a las de ellos y ellas que nunca experimentarán ni han experimentado ningún tipo de relación que no sea la heterosexual establecida por Dios.

AFIRMACIÓN DE LA IDENTIDAD SEXUAL

Tú puedes hacer mucho para salir de la conducta bisexual o la homosexual parcial, temporal o circunstancial y restaurar tu identidad sexual ordenada por Dios. Primero que nada, tienes que recordar que eres mucho más que tus tentaciones. Eres muchísimo más que tus deseos o curiosidades. La admiración sana y pura hacia otras personas de tu mismo sexo no es, ni tiene que ser, pecaminoso. Dios nos diseñó para relacionarnos socialmente y en hermandad con personas del mismo sexo. Lo hacemos por trabajo, diversión, deportes, educación, crecimiento espiritual y edificación mutua.

El problema surge cuando esa admiración y sus límites saludables se confunden con un deseo sexual, producto de pensamientos «creativos» o conductas vergonzosas. Unas veces con el esposo y otras con la amiga. En ocasiones con la esposa y en otras con el amigo. Hombres con hombres y mujeres con mujeres. El pecado está en pervertir la habilidad que Dios nos dio de relacionarnos sanamente, para convertirla en desorden sexual y acciones perversas.

Tal como dice en Romanos 1.27–28 (RVR95): «Del mismo modo también los hombres, dejando la relación natural con la mujer, se encendieron en su lascivia unos con otros, cometiendo hechos vergonzosos hombres con hombres, y recibiendo en sí mismos la retribución debida a su extravío. Como ellos no quisieron tener en cuenta a Dios, Dios los entregó a una mente depravada, para hacer cosas que no deben».

Segundo, debes examinar qué es lo que te lleva a fantasear con alguna persona del mismo sexo. A veces es admiración por la manera de ser de ese individuo, su personalidad, su fuerza, su carácter, su feminidad o masculinidad. Es posible que quieras ser como él o ella. Si ese es tu caso, no tienes que llevar esa admiración a la contaminación. Ello es cierto especialmente en las mujeres que pueden llegar a ver en otra «eso» que a ellas les falta; estilo, atributos físicos, éxito, popularidad, belleza, por mencionar algunos.

Y como jamás podrás traer a tu vida todos esos atributos acostándote con esa persona, haz algo mejor: cultiva y desarrolla los atributos divinos que Dios ha sembrado en ti. Y sobre todo, su santidad, su fidelidad y su amor puro y sincero. Al respecto nos advierte 1 Pedro 1.13–14 (TLA): «Por eso, estén atentos y piensen bien lo que van a hacer, para que siempre hagan lo correcto. Y confíen plenamente en que Dios los tratará bien cuando regrese Jesucristo. Ustedes, antes de que conocieran la buena noticia acerca de Jesucristo, hacían todo lo malo que querían. Pero ahora deben obedecer a Dios en todo, como buenos hijos».

Tercero, es necesario que seas sincera y honesta contigo misma. Piensa, ¿qué ganas con vivir una conducta bisexual o cualquier conducta homosexual? Tal vez respondas: «Me siento amada, valorada». Si eres hombre, quizás digas: «Puedo ser yo mismo en esos momentos; es diferente cuando estoy con mi esposa». Sin embargo, si examinas con cuidado esas respuestas y las separas de un acto sexual, vas a descubrir maneras saludables de satisfacer esas necesidades con relaciones heterosexuales. Te aseguro que esas son las mismas necesidades básicas que todos tenemos. Y la mayoría de la gente no recurre a experiencias bisexuales, lesbianas o de sexualidad para satisfacerlas. La homosexualidad —en cualquiera de sus modalidades— es el efecto de una carencia combinada con muchas variables. Entonces, si es así, la respuesta está en identificar esas variables y sustituirlas con Dios y su amor, como denominador común. Cualquier otra experiencia codependiente de una persona del mismo sexo o no, es una copia barata y corrupta del verdadero amor que necesitas. ¡No te engañes! La necesidad de «variar», de experimentar cosas nuevas, prohibidas no es más que un indicador de que tu vida todavía tiene vacío el espacio que solo Dios puede ocupar. O, por lo menos, Él no está ocupando el primer lugar en tu vida.

LA VIDA LOCA NO RESUELVE NADA

Como parte de mi investigación para desarrollar este capítulo y el de la homosexualidad, vi la película *The Kids Are All Right* [Los chicos están bien] protagonizada por Julianne Moore, como Jules —en el rol de la mamá lesbiana—, Annette Benning como Nic —la lesbiana «papá»—, y Mark Ruffalo, como Paul, el hombre que vendió su esperma para que la pareja lesbiana pudiera tener hijos. El guionista, no sé si intencionalmente o por accidente, deja al descubierto que ni la homosexualidad, ni la bisexualidad, ni las fantasías, ni las infidelidades, ni las nuevas aventuras resuelven el vacío existencial de las personas.

Las dos mujeres, que viven una relación formal como lesbianas, tienen dos hijos que concibieron artificialmente con esperma donada por Paul. Estos dos hijos buscan —y encuentran— a su padre biológico, a pesar de que las «madres» no querían que este formara parte de sus vidas. A medida que se desarrolla la acción, Jules tiene una aventura amorosa con Paul, el papá. Cuando Nic la descubre se desata un caos emocional a consecuencia de la «infidelidad» de Jules y Paul. Entonces, Jules le confiesa a Nic que ahora es bisexual porque se siente sola, rechazada, controlada y vacía en la relación entre ellas dos.

¿Viste qué maravilla? Ahora hasta Hollywood acepta que ni el lesbianismo, ni la homosexualidad, ni la bisexualidad darán satisfacción plena a nadie. Y nosotros sabemos el secreto: Dios es el único que puede hacer eso. También queda claro que la infidelidad tampoco puede llenar ni satisfacer las necesidades de amor real. Solo Dios puede hacerlo. Ningún estilo de vida ajeno al diseño de Dios puede producir una paz duradera y verdadera.

BUSCO QUE ME ENTIENDAN, BUSCO ALGO DIFERENTE

Por lo general, las mujeres se inician en la bisexualidad buscando a alguien que las entienda. Y los hombres buscando algo diferente. Las primeras quieren a alguien a quien le puedan comunicar sus emociones. Los últimos quieren a alguien con quien puedan ser tal como son o como quisieran ser.

Si el esposo no atiende las necesidades de su esposa, ella quizás piense que otra mujer sabrá exactamente qué tiene que hacer. Y cree que puede hacerlo sin tener que dejar de ser la «hembra» que le gusta ser. Si se trata del hombre, casi siempre va a haber elementos de inseguridad, falta de identidad y conflictos de su vida pasada sin resolver, por lo que pensará que alternar con otro hombre de vez en cuando puede ser lo que necesita. Falso.

En todos los casos, la tragedia tocará a la puerta. Comenzará la muerte espiritual, la separación de las leyes de Dios, y las consecuencias no tardarán en llegar. Y lo peor es que las consecuencias de la vida bisexual o de la homosexualidad —al igual que cualquier otro pecado no confesado—, tendrá efectos graves en esta vida y en la venidera.

Cuarto, busca un mentor con experiencia en restauración de la identidad sexual y espiritual. Es importante que rechaces con todas tus fuerzas la mentira de la bisexualidad o de la homosexualidad. Tienes que convencerte de que eres una hija o un hijo de Dios, impresionantemente bueno y misericordioso. Rechaza toda idea de que la homosexualidad es un pecado imperdonable. Para alcanzar el perdón, puedes recurrir a Jesús ahora mismo y contarle lo que pasó, lo que has vivido y pedirle que te perdone y que te lave con su sangre preciosa. Entonces haz el compromiso serio con Él de nunca más dar lugar a ninguna conducta sexual inmoral.

UN COMENTARIO PARA MAMÁ Y PAPÁ: «¿EN QUÉ FALLÉ?»

Cuando un hijo o una hija decide confesar a sus padres su inclinación bisexual, lésbica u homosexual, la primera reacción de éstos es preguntarse: ¿En qué fallamos? ¿Qué hicimos mal? ¿Podemos hacer algo para cambiarlo?

Y la respuesta es que posiblemente no fue algo que hayan hecho mal, ni quizás sea su culpa. Sin embargo, aunque la respuesta fuera que sí, que hicieron algo mal en la crianza, ahora no es el tiempo para reproches sino de mirar hacia el futuro y trabajar para resolver una situación que está afectando a toda la familia.

La primera recomendación es enfrentar el tema con amor —con toneladas de amor— hacia la persona afectada. Es urgente, además, que pidan dirección al Espíritu Santo para lidiar con la persona, con su orientación sexual y con su conducta. Finalmente, busquen la ayuda de sus autoridades espirituales y el consejo de profesionales cristianos especializados en tales conductas.

PARA QUE ESTÉS BIEN...

1. **Renuncia conscientemente a la idea de la «opción bisexual».** Elimina de tu mente ese concepto o posibilidad. La bisexualidad NO es una opción aprobada por Dios, para nadie.

2. **Apártate de toda persona que despierte en ti ese tipo de apetito sexual.** Tienes que ser radical en esto.

3. **Renueva toda la estructura de pensamientos y argumentos** que hayas adoptado o aprendido sobre la conducta bisexual, homosexual o sexualidad alternativa. No importa lo razonables que parezcan.

4. **Lleva una vida recta y pura, basada únicamente en la verdad de Dios.** Y en esto la Biblia es clara: Dios creó al hombre para que se uniera a su mujer. Y creó a la mujer para que fuera fiel a esa unión de géneros. Varón y hembra los creó.

5. **Vive y disfruta la verdad de Dios sobre tu sexualidad.** No importa lo placentera o atractiva que pueda parecerte la bisexualidad, el lesbianismo o la sexualidad alternativa. Todos esos son los «caminos anchos» y tienen un final lamentable.

6. **Recuerda esta verdad: la bisexualidad es una mentira.**

7. **No olvides esto: Tú eres más que un deseo, mucho más que emociones y sentimientos.** Eres un ser creado a imagen y semejanza de Dios.

CAPÍTULO 12

HABLEMOS DEL DIVORCIO Y LAS FAMILIAS RECONSTITUIDAS

Antes de adentrarnos en este capítulo sobre el divorcio —uno de los temas más actuales y a la vez dolorosos de nuestros tiempos—, quiero dejar muy claras mis posiciones al respecto. Primero, soy de la escuela pro matrimonio. No tengo la menor duda de que este fue creado por Dios y que debe ser un pacto para toda la vida. Sin embargo, también tengo que admitir que en nuestros años de práctica como consejeros de familia ha habido casos en los que por «la dureza del corazón» de uno o de ambos cónyuges, no tuvimos otro remedio que aceptar como necesaria la alternativa del divorcio.

Mi esposa y yo nos casamos cuando teníamos veinte y veintidós años, respectivamente. Ya estamos cumpliendo treinta y un años juntos. En honor a todas las vivencias de esos años —los momentos hermosos y los realmente difíciles—, quiero hablar con amor, respeto y sinceridad al corazón del divorciado y de los casados.

Mis padres estuvieron casados casi sesenta años. Fueron cumplidores de la promesa «hasta que la muerte nos separe». Sin embargo, mi abuela es otra historia. Ella tuvo cinco maridos y el que tenía cuando conoció a Jesús no le pertenecía. ¿Has oído esta historia antes? Por eso también es mi deseo ser equilibrado, honesto y sumamente responsable al abordar este delicado tema.

En una de sus prédicas televisadas, escuché al evangelista T.D. Jakes decir: «El divorcio se ha convertido en algo tan común como los restaurantes de servicio rápido». Y aunque es triste, es la realidad. Hoy casi todos conocemos alguna familia afectada por el divorcio. Familiares y amistades han sido víctimas de esa tragedia. El fenómeno del divorcio es tan doloroso y complicado, como antiguo y controversial.

Moisés, cerca de mil cuatrocientos años antes de Cristo —según el cálculo de los historiadores—, ya redactaba leyes sobre el divorcio. Legisló sobre ello en Deuteronomio 24.1 (DHH):

> Si un hombre toma una mujer y se casa con ella, pero después resulta que no le gusta por haber encontrado en ella algo indecente, le dará por escrito un certificado de divorcio y la despedirá de su casa.

Más adelante, en Mateo 5.31–32 (TLA), Jesús amplió esa ley: «También hace mucho tiempo Moisés dijo: "Si alguno ya no quiere vivir casado con su mujer, déle un certificado de divorcio". Pero ahora yo les digo que el hombre solo puede divorciarse si su esposa tiene relaciones sexuales con otro hombre. Si se divorcia de su esposa por otra razón, la pone en peligro de cometer ese mismo pecado. Si esa mujer vuelve a casarse, tanto ella como su nuevo esposo serán culpables de adulterio».

Jesús también fue explícito en cuanto a la razón de la mayoría de los divorcios en Mateo 19.7–9 (TLA):

> Los fariseos le preguntaron:
> —Entonces, ¿por qué Moisés nos dejó una ley, que dice que

el hombre puede separarse de su esposa dándole un certificado de divorcio?

Jesús les respondió:

—Moisés les permitió divorciarse porque ustedes son muy tercos y no quieren obedecer a Dios. Pero Dios, desde un principio, nunca ha querido que el hombre se separe de su esposa. Y yo les digo que, si su esposa no ha cometido ningún pecado sexual, ustedes no deben divorciarse de ella ni casarse con otra mujer. Porque si lo hacen, serán castigados por ser infieles en el matrimonio.

Sin embargo, hoy no causa demasiado asombro cuando un matrimonio dura un año, seis meses o incluso semanas. Ya no son solo los famosos como Jennifer López, Lucero, Alejandro Fernández, Julio Iglesias, Adamari López, Luis Fonsi. No se limita a los astros del deporte como Alex Rodríguez o Tiger Wood. Ahora también se divorcian el primo, el sobrino, el *compay*, el hijo, el nieto e incluso la abuela y el abuelo que llevaban cincuenta años de casados. Se divorcian exvicepresidente Al Gore, el exgobernador Arnold Schwarzenegger, también Benny Hinn y Paula White. Se divorcia nuestra gente cercana y más querida. Se divorcia la gente que ama a Dios, que canta en el coro y gente con poderosos ministerios que nos alcanzan desde sus púlpitos y a través de la radio y la televisión.

¿QUÉ LES ESTÁ PASANDO A LOS MATRIMONIOS CRISTIANOS?

Las estadísticas dicen que no existe ninguna diferencia significativa en la tasa de divorcios entre los matrimonios cristianos y los no cristianos. Barna Research Group —una organización cristiana evangélica que hace encuestas e investigaciones para comprender mejor lo que los cristianos creemos y cómo nos comportamos en cuanto a esas cosas que creemos— a principios del año 2000 publicó un estudio realizado sobre el divorcio en Estados Unidos. Los resultados fueron sorprendentes e inesperados:

El 11% de todos los adultos estadounidenses está divorciado.

El 25% de todos los estadounidenses adultos ha tenido al menos un divorcio.

El 27% de los cristianos nacidos de nuevo ha tenido al menos un divorcio.

El 24% de todos los cristianos no nacidos de nuevo [nominales o que no asisten a una iglesia] se ha divorciado.

El 21% de los ateos se ha divorciado.

El 21% de los católicos y los luteranos se ha divorciado.

El 24% de los mormones se ha divorciado.

El 25% de los protestantes mayoritarios se ha divorciado.

El 29% de los bautistas se ha divorciado.

El 24% de los cristianos que pertenecen a iglesias independientes protestantes se ha divorciado.[1]

George Barna, cristiano evangélico conservador afirma: «El divorcio ya es parte de la vida natural de los cristianos. Ellos ya no ven un estigma en ser divorciado. A mí me gustaría decir que los cristianos somos diferentes con respecto a las estadísticas sobre el divorcio, pero ese lamentablemente, no es el caso».[2]

De acuerdo con Barna, sus datos plantean cuestiones relacionadas con la eficiencia de las iglesias en lo que respecta al servicio que dan a las familias y a los matrimonios.

ES UNO DE DOS CAMINOS

En su sermón más trascendente, Jesús abordó temas extremadamente sensitivos. El Sermón del Monte que se encuentra en Mateo 7 incluye asuntos como el homicidio, el adulterio, la violencia, el juicio a otros, la preocupación, el divorcio y la salvación. La audiencia quedó maravillada ante todo lo que Jesús expresó sobre los temas «calientes» en la cultura de aquel momento. Nadie esperaba que le «entrara» a asuntos que levantan tantas pasiones. Pero así lo hizo. Y cuando miramos con detenimiento, esos mismos temas están hoy más vigentes que nunca, y siguen siendo controvertidos y difíciles.

Mientras Jesús pronunciaba su magistral sermón, la gente no salía de su asombro ante la autoridad con que hablaba y, para terminar, Jesús simplificó sus enseñanzas de forma brillante, directa y concisa. Les dijo:

Es muy fácil andar por el camino que lleva a la perdición, porque es un camino ancho. ¡Y mucha gente va por ese camino! Pero es muy difícil andar por el camino que lleva a la vida, porque es un camino muy angosto. Por eso, son muy pocos los que lo encuentran. (vv. 13–14, TLA)

Hay dos caminos: uno ancho y uno estrecho. El divorcio, como el adulterio, suelen ser los «caminos anchos». Los fáciles. Por eso muchos andan por ellos.

EL CAMINO MÁS FÁCIL

Jesús deja claro que no está a favor del divorcio. El ideal de Dios es el matrimonio para «toda la vida». Si bien es cierto que Dios autorizó el divorcio como última opción, la sociedad lo ve como el primer paso para solucionar cualquier tipo de desacuerdos. En el lenguaje divino el divorcio es una concesión, no es una invitación. Tengo pacientes que me dicen: «Mi pareja ya no me satisface, ya no es detallista conmigo y sinceramente ya tampoco siento lo mismo. Me siento muy sola». Cuando les pregunto por qué se casaron, me dicen: «Porque me sentía sola. Necesitaba a alguien que se preocupara por mí».

O sea, la gente se divorcia por las mismas razones por las que se casa: la soledad. Las personas se casan desconociendo la seriedad del matrimonio y se divorcian ignorando las consecuencias del divorcio. Personalmente creo que la mayoría de los divorcios no resuelven nada. Por lo general, las discusiones entre esa pareja continuarán, los reclamos aumentarán, los rencores mantendrán su intensidad. La única diferencia es que antes se llamaban esposo y ahora le añaden el prefijo «ex».

Esto no invalida otra realidad triste: hay situaciones en las que no hay otra opción que recurrir al instrumento legal del divorcio. Sin embargo, lo que quiero enfatizar es que el divorcio no debe ser la primera palabra en los labios de los esposos tan pronto enfrentan una crisis un poco más complicada que las «normales». El divorcio es un reconocimiento de que no cumplimos con las expectativas de Dios para esa unión. Significa que ha habido un conflicto no solo entre los cónyuges, sino también entre lo que Dios esperaba de ese matrimonio y lo que ha resultado de él. Eso es el divorcio: un atentado contra los buenos pensamientos de Dios para esa pareja, pensamientos que siempre son buenos. Lo vemos claramente en Jeremías 29.11 (TLA): «Mis planes para ustedes solamente yo los sé, y no son para su mal, sino para su bien. Voy a darles un futuro lleno de bienestar».

¿POR QUÉ DUELE TANTO?

El divorcio duele y lastima como lo hace porque no fuimos diseñados para sufrirlo. Nuestra estructura emocional no fue diseñada para la pérdida. El divorcio es una muerte y, como consecuencia, produce luto. Los deudos del divorcio llorarán de tristeza o de rabia, sufrirán por la vergüenza de lo que les hicieron o sufrirán las consecuencias de lo que provocaron. Y si no son ellos, serán los hijos y familiares. Todo se afecta: la vida espiritual, la autoestima, las emociones y, en ocasiones, hasta la salud.

La realidad es que Dios siempre lo ha sabido: «No está bien que el hombre esté solo. Voy a hacerle alguien que lo acompañe y lo ayude» (Génesis 2.18, TLA). Es como si nos dijera: «No me gusta verte solo, no me gusta verte divorciado. No me gusta verte a ti en un apartamento o en una casa sola. Mi idea no era que vivieras en esa habitación solo y tu ex esposa en otra sola, con los niños. Esa no era mi idea. Nunca fue mi plan contigo».

El divorcio duele porque con él muere un sueño de Dios contigo y con tu ex. Duele porque con el divorcio, muere un plan que no pudo ser. Con el divorcio se entierran proyectos concebidos en pareja. Duele porque también muere la amistad, muere un cómplice de vida, un socio o una socia de sueños.

El divorcio duele porque en muchos casos hay un homicidio de la confianza, de la ilusión. Alguien traiciona la lealtad y la dignidad de un inocente. El divorcio pega duro porque muchas veces se trata de un suicidio emocional egoísta, planificado por la falta de perdón. El divorcio desangra la vida y paraliza a un corazón que antes latía de amor. Seca los pulmones que antes oxigenaban la relación.

En ese proceso de luto surgen emociones, pensamientos e ideas que, si no se tratan adecuadamente, marcarán sin remedio a los protagonistas.

En particular, si en la historia hay un cónyuge inocente. Aunque tengo que decir que, tarde o temprano, el culpable también vivirá las consecuencias de su propia historia.

DIVORCIO DEBIDO A DIFERENCIAS

Una de las frases que más escuchamos en nuestras consultas es: «Nos divorciamos porque somos diferentes». Diferencias irreconciliables. Es muy probable que la pareja tenga razón: sí, son diferentes, pero lo asombroso es que les haya tomado diez años darse cuenta.

La realidad es que los hombres y las mujeres somos de distintos planetas. Somos distintos. ¡Y qué bueno! Dios nos creó perfectamente diferentes. Muchos matrimonios se deshacen porque no aprendieron a apreciar las diferencias que Dios nos ha dado a cada uno. Si entendiéramos y valoráramos el diseño divino, la incidencia de divorcios iría en picada. Las necesidades de los esposos y las esposas son diferentes. Si entendiéramos eso, entonces las diferencias no serían causales de divorcio, serían parte de las razones por las que nos mantenemos casados.

El divorcio se evita cuando la pareja hace el esfuerzo intencional de conocer las diferencias mutuas. El esposo tiene que conocer las necesidades de su esposa. La esposa tiene que aprender a descifrar la naturaleza de su esposo. Obviamente, el problema nace cuando por cansancio, dejadez, desinterés o falta de amor, el cónyuge deja de pretender darle a su pareja lo que él o ella personalmente necesitan.

De manera bastante resumida, los hombres quieren: sexo, respeto, poder y dinero. Ellas quieren: amor, que las escuchen y que las entiendan. Cuando se invierten o no se satisfacen esas necesidades, sin duda alguna comenzarán los conflictos. La Biblia advierte que unos y otros debemos cumplir con esas necesidades mutuamente.

El marido debe cumplir con su mujer el deber conyugal, y asimismo la mujer con su marido. La mujer no tiene dominio sobre su propio cuerpo, sino el marido; ni tampoco tiene el marido dominio sobre su propio cuerpo, sino la mujer. No os neguéis el uno al otro. (1 Corintios 7.3–5a, RVR95)

En cuanto a ustedes, los esposos, sean comprensivos con sus esposas. Denles el honor que les corresponde, teniendo en cuenta que ellas son más delicadas y están llamadas a compartir con ustedes la vida que Dios les dará como herencia. Háganlo así para no poner estorbo a sus propias oraciones. (1 Pedro 3.7, DHH)

Me parece que hoy la gente se está divorciando «por falta de conocimiento». El hombre dice lo que piensa, ella dice lo que siente. En su libro *Entendiendo el propósito y el poder de los hombres*, Myles Monroe explica: «Los hombres son como los gabinetes de archivos. Tomamos las decisiones, las archivamos y las dejamos ahí quietas, hasta que se necesita consultarlas. Las mujeres, sin embargo, son como las computadoras. La mente de ellas se mantiene en movimiento continuo. Trabajando en todas las cosas».[3]

DIVORCIO EMOCIONAL

En este tipo de divorcio, la pareja abandona o no cumple su rol en cuanto a los asuntos emocionales del núcleo matrimonial. En este escenario, uno de los cónyuges —o ambos— no trata las emociones del otro con suficiente tacto. Eso provoca que se comiencen a formar «burbujas de protección» entre la pareja: uno se protege para que el otro «no me use» y el otro para que «no me hiera». ¿El resultado? Los fundamentos están listos para que comience el divorcio emocional. Por lo general, a la par se irá sintiendo un divorcio espiritual, luego el físico y, si no se busca ayuda, culminará en el divorcio legal.

En el proceso de este tipo de divorcio, la pareja ignora constantemente los llamados de auxilio que está gritando la misma relación. Ya no existe comunicación sincera. Llueven los insultos y las acusaciones. Aumenta el resentimiento. Se respira silencio. Ambos cónyuges están practicando el terrorismo emocional del orgullo y el egoísmo. Hay un chantaje emocional en el que nadie quiere ceder. Y, lamentablemente, así comienza el proceso que termina —o empieza— con el divorcio.

Esta es claramente una «anaconda emocional» que estrangula a sus víctimas. Y con la pareja también asfixian el hogar, los hijos, las ilusiones, los sueños y los planes de bien de Dios para ellos.

DIVORCIO ESPIRITUAL

Este proceso comienza con un pensamiento en la mente de uno de los cónyuges. Con frecuencia, un mal pensamiento trae otro y luego otro, hasta que se produce el desastre. Durante mucho tiempo estuve buscando una «etiqueta» para ese pensamiento. Y luego de años de consejería, creo que la encontré: engaño. El engaño es la causa principal del divorcio espiritual. Y no solo me refiero a la infidelidad. Es el intento de confundir a la pareja, la mentira. Es la falta de sinceridad al hablar respecto de cómo te sientes. Es la falta de transparencia emocional y espiritual. Se engaña al cónyuge, se engaña el individuo creyendo que nada pasará, que nadie sabrá. Se engaña a la familia, a los hijos, a las amistades y se intenta engañar a Dios.

Le llamamos divorcio espiritual porque tan pronto se comienza a maquinar el engaño, el primero que sale del escenario es Dios. El engaño es el asesino satánico número uno del matrimonio. Un pensamiento engañoso provocará una acción engañosa, llámese infidelidad o mentira, y luego se añaden más mentiras y... bienvenido el desastre a otra familia.

DIVORCIO FINANCIERO

Otra forma de divorcio involucra las finanzas. Muchas parejas que terminaron en un divorcio legal, comenzaron divorciándose financieramente. Una de las partes abusa, roba o traiciona la confianza del otro en este delicado aspecto y así afecta los ahorros, el crédito y la estabilidad económica de la familia. Las llamadas «cuentas separadas» a veces son un mal necesario, pero muchas veces son un síntoma de otros problemas en la pareja.

Algunos le han llamado «infidelidad financiera». Y tal vez no lo parezca, pero puede ser tan dolorosa como la infidelidad tradicional y se da cuando alguno de los cónyuges esconde, miente o engaña al otro sobre el dinero, la falta de este, las cuentas, las deudas o la administración de todas las anteriores. Lamentablemente, este tipo de divorcio es más común de lo que pensamos. Según un estudio divulgado recientemente, el ocho por ciento de los estadounidenses le miente a su pareja sobre algún aspecto relacionado a las finanzas.[4]

Mucha gente encuentra formas muy creativas de esconder gastos y otros secretos financieros. Y cuando son descubiertos, el cónyuge inocente se siente traicionado y engañado. Una semana antes de la vista de su divorcio, Luis —un veterano productor de televisión con un alto salario— me confesó: «Aquel día se destruyó mi confianza en ella. Alguien que miente en las finanzas, miente también en el amor». Su esposa salía de compras clandestinamente con frecuencia y gastaba miles de dólares, usualmente en ropa.

Cuando Luis revisó sus registros financieros, descubrió que su esposa se iba de compras después de algún incidente en el que él no había sido amable con ella. Inconsciente o conscientemente, su esposa se estaba vengando. En lugar de decirle cómo se había sentido luego de alguna discusión, se iba de compras «para sentirse mejor». Esa relación terminó en divorcio. Hoy cada uno tiene menos dinero que antes; sin embargo, hay dos abogados en la ciudad que tienen más dinero en sus cuentas, gracias a otro divorcio financiero.

DIVORCIO LEGAL

Esta es la sentencia final que afirma lo que los cónyuges ya sabían. El matrimonio se acabó; el proyecto de vida juntos, fracasó. Un juez, un tribunal o un juzgado dicta la sentencia: «Están legalmente divorciados». No obstante, este es meramente el trámite legal que pone fin a todos los síntomas anteriores: distanciamiento emocional, maltrato, egoísmo, traición, falta de comunicación, infidelidad física, espiritual o financiera. Cuando llega a este punto, por lo general la pareja lleva ya tiempo divorciándose de a poquito, en la intimidad, en las emociones, en el espíritu y en el corazón.

Si tienes la intención real de salvar tu matrimonio, no puedes esperar a que llegue la fecha del divorcio legal. Debes actuar de inmediato. Tienes que buscar ayuda y hacer todo lo que esté a tu alcance para no llegar al capítulo definitivo del divorcio legal. Sobre esto, me gusta lo que dice Margaret Atwood: «Un divorcio es como una amputación. Lo sobrevives, pero quedará menos de ti».[5]

¿CUÁNDO ES NECESARIO PONER PUNTO FINAL?

Es necesario poner punto final a la relación —sin duda alguna— cuando tu integridad física o emocional está en peligro. Cuando hay abuso sexual, violencia física contra ti o los hijos. Esto es inaceptable y es momento de salir de ese ambiente de hostilidad. Estoy hablando de golpes, empujones, privaciones a la libertad, amenazas de muerte, agresiones o cualquier tipo de agresión verbal que percibas que pone en riesgo tu vida o la de tus hijos.

También debes actuar de inmediato cuando hay condiciones mentales entrelazadas con agresividad, falta de control y violencia. Además, cuando el cónyuge sabe que la conducta inmoral de su pareja fuera de la casa le expone al contagio de enfermedades de cualquier tipo.

Si las circunstancias no te dejan otra opción que terminar con el matrimonio, y el cónyuge responsable de la conducta inapropiada no está dispuesto a asumir su responsabilidad en cuanto a la manutención del hogar y la crianza de los niños, es tiempo de asesorarte con un experto en leyes de familia o con un funcionario de derechos para la familia.

PARA QUE ESTÉS BIEN...

Algunos consejos para los separados y divorciados.

1. **Para la parte ofensora**: Dios es un Dios de gracia, que perdona todas nuestras ofensas.
2. **Para la parte inocente**: No tienes culpa ninguna. No recibas ningún pensamiento de condenación.
3. **Para la parte ofensora**: Te divorciaste de tu cónyuge, no de tus hijos. Jamás te olvides de ellos.
4. **Para la parte inocente**: Cuídate de no ceder ante la tentación de convertirte en amante de tu ex.
5. **Para la parte ofensora**: Busca el perdón divino, y el de tu ex pareja, y procura no repetir las acciones pasadas.
6. **Para la parte inocente**: No te niegues a una nueva oportunidad amorosa con alguien que ame a Dios y a ti.
7. **Para la parte ofensora**: Haz todo lo que sea necesario para evitarles más dolor a tu ex y a tus hijos.
8. **Para la parte inocente**: No dejes que el dolor de lo que viviste te amargue el resto de tu vida.
9. **Para la parte ofensora**: Tu pecado fue grave, pero si vas a Jesús, tu restauración será gloriosa.
10. **Para la parte inocente**: Cuando la vergüenza te trate de hundir, recuerda, no puedes culparte por las faltas o pecados de otros. Además, no olvides que Dios también ama al divorciado.

Si ya has pasado por esta experiencia, tal vez tu corazón herido se haga todavía mil preguntas. Te invito a buscar ayuda. Te aseguro que no estás sola ni solo. Recuerda que las heridas que no sanan se convierten en amargura y esclavitud. Es solo en la seguridad de tu relación con Jesús que podrás encontrar las respuestas a tus preguntas, y solo en la profundidad de su amor redentor encontrarás el amor real y el poder sanador que necesitas con urgencia. Permite que el Espíritu Santo susurre hoy esperanza a tu corazón y te ayude a seguir adelante con tu nueva realidad.

FAMILIAS RECONSTITUIDAS

Una familia reconstituida es un núcleo familiar donde hay por lo menos un hijo de una relación anterior. Para efectos de nuestra discusión, no incluiremos en este concepto a matrimonios de personas divorciadas sin hijos. Tampoco debemos confundir una «familia reconstruida» con una familia reconstituida. En el primer caso, se refiere a una familia cuyos cónyuges estuvieron separados o divorciados, y vuelven a unirse o a casarse.

Aunque es posible que el concepto te suene muy «moderno», la verdad es que este modelo familiar ha existido desde los tiempos bíblicos. Abraham tuvo esta experiencia con Ismael, hijo de una relación con una servidora de su esposa.

En términos sencillos, las familias reconstituidas son núcleos en los que cohabitan «los hijos de ella», «los de él» y «los de los dos». Y todas las variantes de este modelo. Las iglesias y las consultas pastorales por toda América estamos atendiendo a familias con estas características todos los días. Sin embargo, a veces da la sensación de que nadie quiere hablar o escribir de ellos. Estas son las familias de amigos nuestros, de compañeros de trabajo, del grupo de estudio bíblico, de la célula. Familias «no convencionales» con necesidades «no convencionales» que merecen un trato diferenciado, sensible y adecuado a su realidad.

Es mi responsabilidad escribir sobre esto porque estas familias son parte nuestra, ofrendan y diezman en nuestras iglesias, adoran con nosotros o van a misa, están ahí, con sus propios dramas y parece que muchos hemos pactado en cuanto a ser indiferentes a sus necesidades particulares. Es momento para que la pastoral se extienda a ellos con mayor tacto y conocimiento.

Algunas de las variantes de este tipo de núcleo son las siguientes:

1. Ella y él son divorciados, y uno de ellos tiene hijos del matrimonio anterior.

2. Ella y él son divorciados, y los dos tienen hijos de una relación anterior.

3. Ella y él son divorciados y tienen hijos entre sí. Y el padre o la madre de esos hijos se volvió casar o está conviviendo con alguien.

4. Ella o él enviudó y ahora tiene una nueva pareja, y aparece la figura del padrastro o madrastra que todos conocemos.

REFERENCIA HISTÓRICA

En la tradición judía estaba legislado por Moisés el modelo de la familia reconstituida. Especialmente cuando la muerte del esposo se daba sin tener descendencia. En Génesis 38 vemos el caso de Tamar.

Esta damita queda viuda dos veces. Primero de Er, su esposo original. Luego enviuda de su cuñado Onán, con quien debía procrear descendencia por ser el hermano mayor del esposo original. Sin embargo, Onán, aunque se casa con ella, cada vez que tenían relaciones sexuales, se retiraba antes de la eyaculación para no embarazar a Tamar. Cualquier hijo que ella concibiera, le sería contado como de Er, el esposo original de Tamar. Onán tendría que mantenerlo y cuidarlo, pero quedaría inscrito como hijo de su fallecido hermano mayor. La negativa de Onán en darle descendencia a su hermano enojó a Dios y Onán muere como consecuencia de su rebeldía.

Finalmente, mediante una astuta estrategia, Tamar engaña a Judá, su suegro. Se acuesta con él y queda embarazada del padre de sus dos ex maridos muertos. Así Judá se convierte en suegro y marido de Tamar, y en una variante muy particular de una familia reconstituida. De esa forma, Judá, que era viudo con hijo, se constituyó en el nuevo esposo de Tamar, y el padre de sus mellizos Fares y Zara, que a su vez se convirtieron en hermanos de Sela, hijo de Judá de su relación previa. Tamar, por su parte, pasó de nuera a esposa de Judá y de cuñada candidata a esposa de Sela, se convirtió en su madrastra.

¿Te resultó complicado seguir la línea de esta historia? Así de enredadas pueden llegar a ser las historias de las familias reconstituidas. Y lo sé muy bien porque ya les conté que vengo de una familia reconstituida, la de mi abuela. Entre los hermanos de mi padre, tengo tíos y tías con apellidos paternos Rodríguez, Alejandro, Santiago, Correa, Romero y, el de mi padre, Ortiz.

Las familias reconstituidas estamos aquí desde los tiempos bíblicos y seguiremos siendo muchos. Somos miles los hijos y nietos nacidos de familias reconstituidas. Y nos guste o no, las madres y padres seguirán concibiendo más. Esta es una realidad de las sociedades civilizadas, creyentes y no creyentes. Lo que tal vez sea nuevo para ti es descubrir la seriedad que Dios mismo le dio a este tipo de familias.

Otro buen ejemplo de un modelo de familia reconstituida por viudez y nuevo casamiento es la historia de Rut. Ella enviuda de su esposo. Según la ley de matrimonio reconstituido, le tocaba el derecho de redimirla a su cuñado, pero este también murió y, en consecuencia, le tocó redimirla a un pariente de su esposo fallecido para darle descendencia.

JESÚS CRECIÓ EN UNA FAMILIA RECONSTITUIDA

El hijo mayor de María creció con un padrastro. Jesús era hijo de una relación previa de María. Esa relación previa de María fue con el mismo Espíritu Santo. Y claro está, esta no fue una relación usual. El Espíritu Santo la cubrió con su sombra y el Santo Ser que nació de ella, el Hijo del Altísimo fue llamado Hijo de Dios.[6] Así que José, de prometido de María pasó a ser el padre tutor de Jesús, aun antes de nacer el niño, y luego, el esposo de la madre de Jesús. Entonces, los otros hijos de José y los de María se convirtieron en los hermanastros de Jesús. Una familia sagrada reconstituida. Los evangelios hacen referencia a «todas» sus hermanas, sugiriendo que Jesús tenía por lo menos tres medio hermanas. También incluye los nombres de los hermanos: Jacobo, José, Judas y Simón.[7]

FAMILIAS ESPECIALES

En estos modelos de familias reconstituidas todo está cambiando continuamente, es un proceso de ajustes, de reentrenamiento y reaprendizaje que quizás nunca termine. Son gente buena que estuvieron «pegadas» entre sí en una relación previa —algo así como se pega una calcomanía—, y con mucha fuerza y dolor fueron despegadas, por causas variadas. Cada individuo trae consigo algo de la experiencia previa y cuando tratan de volver a «pegarse» con otros; a veces, las partículas de la calcomanía previa impiden que se adhiera a lo nuevo. En ocasiones, ese proceso tiene que ocurrir muy rápido y los protagonistas no tienen el tiempo suficiente para «pegarse». Son familias y matrimonios en una transición y sucesión de etapas que requiere mucho amor, comprensión, sensibilidad y grandes dosis de paciencia todos los días.

JAVIER ES ESPECIAL

Javier es un joven de veintiún años que desde los doce descubrió lo que es vivir en una familia reconstituida, con todas sus variantes, cambios y sucesiones.

> *Jamás imaginé que mis actitudes de joven adulto fueran producto de lo que viví. Pasé de ser el hijo único y consentido de mi mamá, a ser el hijo de la novia de Carlos. Luego, era el hijastro de Carlos y, más tarde, el hermanastro de Christian. Después, para añadir más trama a mi vida, llegó Rosita, mi hermana, la bebé que mi madre tuvo con Carlos, mi padrastro. Cuando le conocí a usted, yo no sabía ni quién era. Tenía resentimiento con mi madre, celos de mi padrastro y odio a Christian, mi hermanastro, y envidia a la pequeña Rosa.*

FAMILIAS NACIDAS DEL DOLOR

Es vital que no olvidemos que todos los personajes del drama de una familia reconstituida —con excepción de los nuevos bebés— traen consigo una historia de pérdida y dolor. Llámala luto por muerte o por divorcio, engaño, abandono, soledad, maltrato o, cuando menos, una equivocación. El dolor es el personaje siempre presente en la historia anterior. Por lo tanto, todos los personajes de esta nueva historia tendrán que ser sanadores, consejeros, negociadores y expertos mediadores entre sí y aun para ellos mismos.

No todos los casos son iguales, hay que diferenciarlos. También tengo que aclarar que toda familia y todo matrimonio «convencional» necesita cada uno de las dotes de amor mencionados. Sin embargo, en las familias reconstituidas, debido a sus características propias, necesitarán más voluntad, energía, ganas y sabiduría para lidiar con sus problemas. La buena noticia es que hay preciosas historias de éxito que nos llevan a honrar a esas miles de familias que salen adelante todos los días. Te presento algunas de las lecciones que he aprendido de los hombres y mujeres que están al frente de estas familias reconstituidas con sabiduría.

PARA QUE ESTÉN BIEN...

1. **Cada miembro tiene que entrenarse para tratar con las pérdidas,** los cambios y los espacios para que haya un ambiente de tolerancia saludable en el hogar.

2. **Cada miembro tiene que respetar el duelo de los demás.** El duelo puede ser por muerte, divorcio o por la relación anterior. Nunca subestimes el dolor que el otro vivió o está viviendo.

3. **Todos los miembros tienen que hacer el esfuerzo para aceptar que ese núcleo es ahora la nueva familia.** No necesariamente mejor ni peor que el anterior. Simplemente distinto.

4. **No se puede idealizar a la nueva familia ni a los nuevos miembros de ella.** Los problemas también llegarán. Solo hay que estar listos para lidiar con ellos.

5. **Cuidado con los «duelos postergados»;** esos intentos de tratar de revivir lo que ya pasó o lo que ya murió. Casi siempre eso ocurre por no haber «quemado» la etapa del duelo por la pérdida en el momento preciso. Si a su debido tiempo no lo procesaste ahora que perteneces a una nueva familia, debes superarlo, olvidarlo. Si no lo haces, estarás conspirando contra esta nueva oportunidad.

6. **Un clavo no saca otro clavo.** Tampoco una familia o un nuevo matrimonio debe verse como un sustituto del anterior. El duelo por divorcio suele ser mayor que el duelo por muerte. El promedio «normal» por muerte durará unos dieciocho meses. El duelo por divorcio puede ser entre dos y cuatro años.[8] Mi consejo: No

trates de reconstituir una familia o un matrimonio nuevo hasta que hayas terminado tu duelo. Independientemente del tiempo que te esté tomando.

7. **Una vez que ya seas parte de una familia reconstituida, evita la fantasía de la** *reversibilidad* **o la idea de regresar con el ex**. Debes protegerte intencionalmente de ello y a tu nueva familia también. Si te sientes tentada o tentado con esta idea, haz lo que sea necesario para evitar una nueva tragedia emocional y espiritual para ti y para los miembros de tu nueva familia.

8. **¡Cuidado con los sentimientos de culpa!** A veces los recuerdos o la información que te llegará sobre lo que está viviendo el o la ex va a generar sentimientos de culpabilidad. Cuidado con eso. Si no sabes cómo procesar y lidiar con esos sentimientos, puedes caer víctima de ti mismo, y de la manipulación y el chantaje emocional. Los sentimientos de culpa siempre dificultan el que puedas concentrarte en el proceso de construcción de tu vida reconstituida. No caigas en esa trampa. Dile no a los sentimientos de culpa. Nadie debe vivir el resto de su vida secuestrado en su potencial por lo que pasó, o por lo que pudo ser y no fue. Esto ocurre con mayor frecuencia en la persona que fue causante de la ruptura de la relación previa; por ejemplo, la persona que fue infiel. Si ese fue tu caso, la recomendación es la misma: pide perdón a Dios, pide perdón a las partes ofendidas (si es prudente) y perdónate tú. Pero está totalmente prohibido cargar a la nueva familia con tus sentimientos de culpabilidad.

9. **Antes de formalizar una relación que te lleve a tener una familia reconstituida**, recomiendo hacer acuerdos serios, maduros y honestos sobre el tema de las finanzas. La presión económica parece ser la constante en la inmensa mayoría de las familias reconstituidas y para ambos cónyuges. La economía y la asistencia social en nuestros países está pensada para el modelo de

«familia nuclear» cerrada. Por lo tanto, el acceso al dinero para sostener a esta nueva familia no convencional generalmente será más difícil, complicado y con muchos obstáculos. Ex cónyuges que no cumplen con la manutención de sus hijos. Ex esposas que quieren sacar ventajas de sus ex esposos. Ex maridos resentidos o celosos que quieren controlar a través de las pensiones y viceversa. Si ya eres parte de una familia reconstituida y no te preparaste para esto, mi recomendación es: sabiduría, inteligencia, paciencia y entrenamiento en la administración sabia de los recursos disponibles. Tienen que buscar ayuda, en pareja, de un buen consejero de familia.

10. **Involucra a tu nueva familia en una relación íntima con Dios**. Enséñales a tus hijos y a tu cónyuge a depender más de Dios que del o de la ex. Desarrolla la costumbre de la oración diaria dentro del modelo de familia del que ahora formas parte. Toda familia necesita que Jesús sea el centro de su hogar. Sin embargo, la familia reconstituida tiene un motivo adicional y es la necesidad de que Dios les dé sabiduría e inteligencia en todas estas condiciones especiales que viven.

Ya para concluir, si eres parte de una familia reconstituida es vital que tengas muy presente cada uno de los aspectos mencionados anteriormente. Tu familia no es convencional, es muy especial y tiene también necesidades muy específicas. No intentes aplicar modelos de disciplina idénticos al de una familia nuclear tradicional, especialmente en la disciplina de los hijos y en el entendimiento entre la pareja. Si bien es cierto que en toda familia es necesaria la comunicación, los acuerdos y las negociaciones, en este modelo se necesitan cada uno de estos ingredientes en porciones más grandes.

UNA PALABRA FINAL PARA MIS COLEGAS CONSEJEROS

Consejeros, orientadores, pastores y guías espirituales, es necesario que no perdamos de vista que la ayuda que brindamos a una familia reconstituida debe ser y será diferente a la que ofrecemos a una familia de núcleo cerrado tradicional. Tenemos que usar herramientas apropiadas para cada modelo de familia. No podemos olvidar que los miembros de este tipo de núcleo familiar han sufrido experiencias de pérdidas muy dolorosas. Es vital que atendamos y ayudemos en el proceso de sanidad, antes que hagamos cualquier otro intento de terapia familiar. Para la salud emocional y espiritual de cada uno de sus miembros, es necesario que el luto de esa pérdida sea resuelto, sano, cerrado y concluido.

Como terapistas o como ministros, podemos hacer un daño grave a esta nueva familia si no conectamos las causas, características y el perfil particular de la familia que estamos sanando. Podemos ser mucho más útiles si tenemos muy claras las necesidades particulares de cada familia que tratamos. Podemos interceder ante Dios con mayor sensibilidad cuando conocemos exactamente por qué estamos orando. Y de antemano, me uno a tu oración para que el Señor nos dé más y más sabiduría para lidiar con las muchas familias reconstituidas que llegan a nuestros medios.

UNA CHARLA FINAL
(EN ESTE FORMATO)

Ha sido mi privilegio, honor y bendición conversar contigo a través de estas páginas. Me alegra que hayas decidido mantener tus oídos atentos. Créeme, también te he escuchado fuerte y claro a lo largo de este proyecto.

Aunque esta es nuestra charla final, en este formato de palabra escrita, es mi deseo que lo leído te anime a comenzar un diálogo franco con tu cónyuge, con tu familia, con tus amistades, con tu pastor, en tu iglesia. Es hora de que busques tu taza favorita, la llenes de un buen cafecito, un té o tal vez un chocolate caliente, y continúes hablando con sinceridad de los temas que nos preocupan, nos inquietan y que tanto nos afectan.

Concluyo nuestra conversación con respuestas concretas a preguntas específicas. Algunas de estas preguntas me las he hecho personalmente por mucho tiempo. Otras, han surgido de la experiencia al servir a miles de personas como tú y como yo. Gente honesta con preguntas, temores, dudas e inseguridades como las mías.

¿POR QUÉ SE LE HACE TAN DIFÍCIL A LA GENTE BUSCAR AYUDA EN CUANTO A SUS INTIMIDADES?

Todos los seres humanos tememos ser juzgados. No nos gusta exponernos en nuestras áreas de debilidad, ignorancia, pecados o intimidades.

Esta parece ser la regla general. Desde la persona más reservada hasta la más extrovertida es difícil sentarse frente a un «desconocido», a un «experto» o ante un «guía espiritual» para contarle lo que siente, lo que piensa o lo que hace cuando nadie lo ve.

Otra razón es que todos sabemos que cuando algo no está funcionando bien y quedamos expuestos, será necesario hacer cambios. Y, en el contexto de la conducta humana, los cambios suelen ser grandes desafíos; son incómodos, estresantes y pueden requerir mucho esfuerzo. Y cuando hablamos de cambiar patrones de conducta, entonces nos flaquean las rodillas. A veces parece más fácil cambiar de pareja que de costumbres y hábitos.

Y, por último, está el miedo. Miedo a descubrir lo que tenemos que cambiar y creer que no podremos hacerlo. Y cuando el miedo no puede superarse, entonces inventamos todo tipo de excusas para no buscar ayuda en lo que respecta a nuestras intimidades.

¿QUÉ ESCONDE LA ACTITUD DE NO BUSCAR AYUDA?

Esconde una combinación de temor y dolor. El temor es una emoción paralizante y el dolor es una experiencia que todo ser humano que está en sus cabales trata de evitar. Ambos producen parálisis y ambos son inevitables.

Por eso, cuando te percatas de que hay algo íntimo que no está funcionando, tratas de ocultarlo, de negarlo. Comienzas a decir cosas como: «Yo estoy bien, la que está mal es ella». «No necesito ayuda de nadie; cuando yo quiera dejar esto, lo dejo y ya».

Te sientes vulnerable. No quieres ser humillado por tu debilidad, preferencia o conducta. Quieres evitar la vergüenza que eso puede traer.

Y otros no quieren siquiera enterarse de qué es lo que está mal realmente porque, si lo hacen, se quedan sin la última excusa para cambiar.

UNA HISTORIA MUY PERSONAL SOBRE EL TEMOR

Todos tememos a lo que no conocemos. Y es precisamente lo que no conoces, lo que te destruye. La verdad que no conoces es la que te aprisiona en tus temores. La verdad que conoces, te hace libre. Por lo tanto, tu mejor alternativa para ser libre es buscar ayuda para conocer tu verdad. Cuando no tenemos todas las cosas sobre la mesa, no sabemos qué esperar.

Cuando era niño, mi familia vivía en un pequeño pueblo azucarero en Puerto Rico. Con frecuencia, caminábamos por veredas atravesando de un barrio a otro. Los distintos sectores de esos barrios estaban separados por grandes plantaciones de caña de azúcar. La travesía de un barrio a otro podía ser de tres a cinco millas de distancia —casi cuatro a ocho kilómetros—, entre cañas, árboles y arbustos.

Había noches oscuras en las que no se veía casi nada. Los adultos transitaban por aquellos caminos porque los conocían muy bien. Durante el día, trabajaban aquellas plantaciones. Pasaban horas laborando entre las cañas.

Mis padres eran pastores y cuando íbamos de un barrio a otro a celebrar servicios de evangelización, aquellos caminos se volvían casi invisibles. A los más pequeños, cualquier movimiento o ruido entre los arbustos, nos producía terror. Nos amarrábamos a las manos de los adultos como uno que se aferra al último salvavidas en el agua. Los adultos sabían que aquellos «ruidos espantosos» eran bueyes, vacas y caballos.

Eran los animales que de día ayudaban a los obreros de la caña y de noche, pastaban sueltos por allí. Pero esas eran las explicaciones de la «gente grande», para nosotros eran «*mostros*», «animales salvajes», «serpientes gigantes» o el «cuco». Los adultos caminaban seguros y sin temor entre la caña porque sabían que en Vega Baja no había animales salvajes, ni serpientes gigantes, ni cucos. Nosotros no sabíamos nada de eso.

La falta de conocimiento produce temor e inseguridad. El miedo a lo desconocido, siempre nos asusta. En algún sitio leí que durante la Segunda Guerra Mundial murieron más soldados por miedo que por los bombardeos de los ejércitos en conflicto. Los soldados morían de paros cardíacos y por ataques de pánico a consecuencia de los ruidos, las alarmas, las explosiones, las sirenas y la manipulación de la información. Y es que el miedo a lo desconocido puede convertirse en un asesino cruel y silencioso.

¿POR QUÉ PRETENDEMOS IGNORAR EL DOLOR?

Porque somos seres humanos normales y no masoquistas. Esta es la respuesta más sencilla. A nadie le gusta que le duela algo. Ni el dedo del pie ni el corazón. El dolor real o el imaginario puede ser una fuerza disuasiva poderosa. A veces es lo que nos mantiene lejos de las opciones de ayuda que necesitamos, con la intención de no confrontar las causas de nuestras conductas. Evitar el dolor es lo que previene que identifiquemos las causas de lo que estamos viviendo. Sin embargo, no podemos engañarnos. Un dolor momentáneo sin atender implica un dolor permanente que puede terminar matándonos. Literal o figuradamente.

Para otros, es precisamente el dolor lo que los impulsa a buscar la ayuda que necesitan para escapar de las adicciones, de las prisiones emocionales y de los hábitos prohibidos. El dolor de seguir causándoles malestar a sus seres queridos les lleva a buscar ayuda. Y ese es el dolor que produce sanidad, crecimiento y restauración.

Sin embargo, es mi invitación que no esperes mucho tiempo. No esperes a que sea demasiado tarde. No esperes a que el daño haya alcanzado a demasiada gente. Algunos esperan llegar a la unidad de cuidado intensivo para llamar al pastor. Otros esperan hasta que el matrimonio está hecho pedazos para entonces llamar a los grupos de apoyo de la iglesia. Muchos esperan a perder el trabajo por causa de su conducta sexual desordenada para entonces solicitar ayuda urgente. Otros esperan ver a sus hijos huir de la casa con un amigo o una amiga del mismo sexo para entonces comenzar a asistir a la iglesia como familia. No esperes tanto.

Si hay dolor en tu corazón y temes actuar y dar el primer paso, atiende a ambas señales pues te están diciendo que hay algo en ti o en tu familia que necesita ayuda externa urgente.

¿Y QUÉ SI LO HE TRATADO TODO?

A veces, los cambios que necesitamos hacer parecen inalcanzables. Y hasta imposibles. Hemos visto pacientes que nos dicen haber «tratado todo»: programas, fórmulas, técnicas, terapias, libros «cinco pasos para», «siete principios hacia», «diez verdades que». Todo. Según la habilidad humana.

Mientras escribo nuestra última charla, uno de los predicadores jóvenes que más he admirado, fue encontrado muerto en la habitación de un hotel, aparentemente víctima de una sobredosis de alguna droga ilícita. Después de haber sido libre de una fuerte adicción a las drogas hace más de veinticinco años, tuvo un desliz inesperado, no asociado a nada, ni a nadie. Aparentemente. Sin embargo, tal vez en realidad fue una de muchas recaídas momentáneas y privadas, de las que nunca quiso hablar o tratar con nadie. Es posible que este último silencio lo haya matado.

Quizá muchas veces se dijo: «No lo volveré a hacer. Me levantaré y esta vez no volveré a fallar». Pero en realidad fingía que todo estaba bien. Posiblemente el temor cegó su entendimiento y lo paralizó. Usó sus viajes de negocio y de ministerio para alejarse de la supervisión de un mentor y poder regresar a sus antiguos hábitos de consumo de narcóticos. No buscó la ayuda que necesitaba. Tal vez pensó que ya lo había intentado todo.

Y es que cuando fallamos, y tropezamos una y otra vez —especialmente si es con la misma piedra—, nuestra confianza se debilita. Nuestra autoestima se lacera. Nuestro ánimo decae. Y esto es cierto con el alcoholismo, la pornografía, la homosexualidad, la infidelidad, el abuso de drogas, la pedofilia, la adicción al sexo desordenado, la violencia hogareña, el manejo de la ira y otras adicciones. No importa cuál sea la intimidad que roba tu paz, no tengas pena para buscar ayuda. Es lo mejor que puedes hacer por ti y por tus seres queridos.

¿PUEDO CAMBIAR?

¡Sí puedes! Esa es la buena noticia. Puedes ser libre de cualquier hábito. De cualquier intimidad enfermiza. Con la ayuda de Dios, con tu participación sincera y el apoyo de un mentor o guía espiritual, que te cuide y te vaya dirigiendo, no hay nada que no puedas lograr. He aquí algunas sugerencias:

- Reconoce que al momento de comenzar esta jornada hacia la libertad, existe una gran distancia entre quién eres y la persona que quieres llegar a ser. En el proceso, esa distancia se irá reduciendo.
- Debes entender que en el camino a esa transformación vas a decir, hacer o mirar cosas equivocadas, relacionadas

a los viejos hábitos que quieres dejar atrás. Eso pasará a menudo justo desde el instante en que tomes la decisión de cambiar. Esa es la realidad. Tropezarás varias veces con «tu viejo hombre» o con «tu vieja mujer» en el proceso de convertirte en tu nueva versión. Sin embargo, no significa que fracasaste ni que no hay remedio para ti. Simplemente, estás en entrenamiento. Si te recuperas de ese incidente y te proteges para no volver a equivocarte en esa forma, estás avanzando, estás progresando.

- Celebra cada día de sobriedad o de lejanía de tu viejo patrón de conducta. Anoche, en una sesión de consejería con uno de mis pacientes, me dijo: «Pastor, estoy feliz y vine a honrarlo porque hoy es mi día número 1,095 libre de practicar la violencia verbal contra mi esposa». Y celebraba alabando a Dios por su victoria. A mis discípulos y pacientes les enseño a llevar una contabilidad de cada día libre de su adicción. De cada día de triunfo y superación. Y les motivo a comenzar y a terminar cada día dando gracias a Dios por la victoria de esas veinticuatro horas. No olvides que el Espíritu Santo es tu mejor amigo, mentor, consejero y aliado. Y Jesús es tu abogado en el proceso. Él te está defendiendo, no está acusándote.

- No permitas que tu mente te engañe. La realidad es que el comienzo de una nueva vida va a estar salpicado de ideas y pensamientos de la pasada manera de vivir. En esta etapa, lo importante es que recuerdes que eso es lo que eras antes. Es tu vieja versión. Hoy eres una obra en proceso —sin terminar—, pero en proceso. Eres una nueva vasija en el torno del Alfarero. Y mientras el torno siga dando vueltas, el Alfarero todavía no ha terminado su obra. ¿Y sabes qué? Ese torno seguirá girando y el Alfarero mantendrá sus manos sobre su barro mientras estés de este lado del cielo. Y, créeme, estás en buenas manos.

- No olvides que la distancia entre tu realidad de hoy y el ideal de Dios para ti es muy, muy larga. Estamos hablando de un maratón, no son cien metros. Cubrir esa distancia exigirá humildad y mucha disciplina. Y, sobre todo, que te mantengas caminando. El Espíritu Santo promete ponerse sus zapatos deportivos y mantenerse caminando a tu lado las veinticuatro horas de tu día y los siete días de tu semana.

- Cuando te asalte la duda, relee alguna historia de éxito. La Biblia tiene muchos de estos relatos: David, María Magdalena, Pablo, Nicodemo. Y muchas otras. Regresa al Manual de vida para recibir instrucciones sobre dominio propio y la transformación mediante la renovación de la mente.

Y no vivan ya como vive todo el mundo. Al contrario, cambien de manera de ser y de pensar. Así podrán saber qué es lo que Dios quiere, es decir, todo lo que es bueno, agradable y perfecto. (Romanos 12.2, TLA)

Ahora que estamos unidos a Cristo, somos una nueva creación. Dios ya no tiene en cuenta nuestra antigua manera de vivir, sino que nos ha hecho comenzar una vida nueva. Y todo esto viene de Dios. Antes éramos sus enemigos, pero ahora, por medio de Cristo, hemos llegado a ser sus amigos, y nos ha encargado que anunciemos a todo el mundo esta buena noticia: Por medio de Cristo, Dios perdona los pecados y hace las paces con todos. (2 Corintios 5.17–19, TLA)

Dios empezó el buen trabajo en ustedes, y estoy seguro de que lo irá perfeccionando hasta el día en que Jesucristo vuelva. (Filipenses 1.6, TLA)

• Saber que eres perdonado(a) por Dios, no te librará de algunas consecuencias. Es posible que tu vida pasada marque tu presente con algunos efectos. Pero no te desanimes. Cada día el Señor te regala la oportunidad de un nuevo comienzo, con la posibilidad de un futuro mejor, sin tener que llevar tu culpa a cuestas. Esa consecuencia es resultado del pasado. Tal vez sea el recordatorio de un camino ya recorrido y que no quieres volver a pisar. Mantén tu mirada hacia el norte. En la meta final.

Mientras sigas respirando, tienes oportunidad para reconstruir tu vida. Todas las cosas serán hechas nuevas para ti con fe, determinación y confianza en el nombre poderoso de Jesucristo. La intención suprema de Dios es renovarnos, transformarnos y completarnos hasta convertirnos en nuevas personas. Este es el propósito fundamental de la Palabra de Dios. Por lo tanto, el estudio sistemático de la Biblia es vital en tu jornada hacia lograr la nueva vida que quieres en Cristo Jesús.

El propósito de Dios al dejarnos su Palabra, no fue solo llevarnos un día al cielo. La visión de Dios para ti y para mí es borrar nuestra vida pasada y que comencemos a tener una vida nueva antes de que vayamos al cielo. Anímate. Esfuérzate. Atrévete. No temas. El Dios Padre, el Dios Espíritu Santo y el Dios Hijo están a tu lado para ayudarte en tu jornada. Eres creación de Dios y mereces ser feliz.

Para que estés bien, tu amigo,

Edwin Lemuel

NOTAS

CAPÍTULO 2: HABLEMOS DE TUS EMOCIONES DE MUJER

1. Para más información sobre este tipo de abuso, visita http://www. es.amnesty.org/temas/mujeres/mutilación-genital-femenina.
2. María Moliner, *Diccionario de uso del español*, Versión 2.0, Edición en CD-ROM (Madrid: Gredos, 2001).

CAPÍTULO 3: HABLEMOS DE LA SEXUALIDAD FEMENINA

1. Linda Dillow y Lorraine Pintus, *Temas de intimidad* (Nashville: Grupo Nelson, 2007), p. 12.

CAPÍTULO 4: HABLEMOS DE LA SEXUALIDAD MASCULINA

1. T. D. Jakes, *He Motions* (Nueva York: J.P. Putnam's Sons, 2004), p. 249.
2. Stephen Arterburn y Fred Stoeker, *La batalla de cada hombre* (Miami: Unilit, 2003), p. 12.

CAPÍTULO 5: HABLEMOS DE LA MASTURBACIÓN

1. John Harvey OSFS, *Foro de Teología Moral*, traducido por P. Miguel Ángel Fuentes, I.V.E., Courage International Ministries.

CAPÍTULO 6: HABLEMOS DE ALGUNAS ADICCIONES

1. Benjamin G. Druss, M.D., M.P.H., "The Changing Face of U.S.

Mental Health Care", *American Journal of Psychiatry* 167 (2010): pp. 1419-21.

2. "Oscar de la Hoya: 'La adicción daño mi vida'", 31 agosto 2011, http://deportes.univision.com/boxeo/article/2011-08-31/oscar-de-la-hoya-la.

CAPÍTULO 7: HABLEMOS DE LA INFIDELIDAD

1. Magali Font, *Una mujer con poder interior* (Lake Mary, FL: Casa Creación, Strang Communications, 2010), pp. xi, 117.

2. Padre Alberto Cutie, *Dilema* (Nueva York: Celebra, New American, 2011), pp. 179, 180.

3. Louana Brizendine M.D., *The Male Brain* (Nueva York: Broadway Books, 2010), pp. 40-41.

4. Bernardo Stamateas, *Sexualidad y erotismo en la pareja* (España: Clie, 1996), p. 199.

CAPÍTULO 8: HABLEMOS DE LA PORNOGRAFÍA

1. http://www.lds.net/groups/view/id_156/title_pornography-&-sexual-addiction/.

2. Zócalo Saltillo, "México, España, y Estados Unidos países consumidores de pornografía de menores", 10 febrero 2011, http://www.zocalo.com.mx/seccion/articulo/mexico-espana-y-estados-unidos-paises-consumidores-de-pornografia-de-menore.

CAPÍTULO 9: HABLEMOS DEL ABUSO SEXUAL

1. Alexander Lowen, *El gozo, la entrega al cuerpo y a los sentimientos* (Buenos Aires: Errepar, 1996).

2. Moliner, *Diccionario de uso del español*.

3. ICEV, *Revista d'Estudis de la Violència*, 2008.

CAPÍTULO 10: HABLEMOS DE LA HOMOSEXUALIDAD

1. Anita Worthen y Bob Davies, *Someone I Love Is Gay: How Family & Friends Can Respond* (Downer's Grove, IL: InterVarsity, 1996).

2. Ricardo González, "Nueva York aprueba el matrimonio homosexual", 25 junio 2011, http://www.elmundo.es/america/2011/06/25/estados_unidos/1308970376.html.

CAPÍTULO 11: HABLEMOS DE LA BISEXUALIDAD

1. "Evan Rachel Wood Talks Bisexuality, Falling in Love", 16 septiembre 2011, http://www.huffingtonpost.com/2011/09/16/evan-rachel-wood-bisexual-marie-claire-idea-of-march_n_966091.html?icid=maing-grid7%7Cmain5%7Cdl2%7Csec1_lnk3%7C96277.

2. Mike Haley, *101 preguntas frecuentes sobre la homosexualidad* (Lake Mary, FL: Casa Creación, 2005), p. 115.

3. Anne Paulk, *Restoring Sexual Identity: Hope for Women Who Struggle with Same-Sex Attraction* (Eugene, OR: Harvest House, 2003), p. 65.

CAPÍTULO 12: HABLEMOS DEL DIVORCIO Y LAS FAMILIAS RECONSTITUIDAS

1. The Barna Group, Ventura, CA.

2. Barna Group, "New Marriage and Divorce Statistics Released", 31 marzo 2008, http://www.barna.org/family-kids-articles/42-new-marriage-and-divorce-statistics-released.

3. Myles Monroe, *Entendiendo el propósito y el poder de los hombres* (Whitaker House, 2003), p. 246.

4. El País, "La 'infidelidad financiera' que destruye a las parejas", http://estilodevida.elpais.com.uy/la-infidelidad-financiera-que-destruye-a-las-parejas.

5. Margaret Atwood, http://www.searchquotes.com/Margaret _Atwood/Divorce/quotes/.

6. Lucas 1.34–35.

7. Marcos 6.3; Mateo 13.55, Marcos 3.31–35; Mateo 12.46–50; Lucas 8.19, 21; Hechos 1.14.

8. F. Kaslow, "Divorce: An Evolutionary Process of Change in the Family System", *Journal of Divorce* 7, no. 3 (1984): pp. 21–39.

ACERCA DEL AUTOR

El doctor Edwin Lemuel Ortiz posee una certificación como orientador profesional otorgada por el Florida Certification Board. Se graduó con un grado de bachillerato en Psicología de la Universidad Interamericana de Puerto Rico. Hizo sus estudios en Divinidad en el Florida Center for Theological Studies en Miami, Florida. Y posee un doctorado en Comunicación de la Cornerstone Christian University.

Sus programas de radio y televisión —*Para que estés bien, Piénselo y Piénsalo y actúa*—, han inspirado a miles de personas a transformar sus vidas en diferentes países alrededor del mundo. En Estados Unidos, preside el Grupo Génesis, una red de medios de comunicación comprendida por: La Nueva 88.3, Génesis 680 AM, La NuevaFM.net, Conexión News y www.paraqueestesbien.net.

Como *coach* personal en vida cristiana, viaja constantemente dando charlas, conferencias y seminarios en diferentes ciudades de Estados Unidos, Puerto Rico, Centro y Sudamérica y el Caribe. Además, es el pastor fundador de la iglesia cristiana Auditorio de la Fe, en el sur de la Florida.